위대한
동양 고전
30권을 1권으로
읽는 책

● **일러두기**

－ 이 책에 등장하는 주요 인명과 지명은 국립국어원 표기법을 따르되 일부는 관례에 따라
   표기했다.
－ 이 책에 수록된 고전의 작성 연대와 학자의 생몰 연대가 불분명한 경우, 일반적으로 인정
   되는 추정 연대를 바탕으로 내용을 구성했다.

위대한 동양 고전 30권을 1권으로 읽는 책

초판 1쇄 인쇄 2024년 6월 25일
초판 1쇄 발행 2024년 7월 10일

지은이 김연수
펴낸이 이경희

펴낸곳 빅피시
출판등록 2021년 4월 6일 제2021-000115호
주소 서울시 마포구 월드컵북로 402, KGIT 19층 1906호

ⓒ 김연수, 2024
ISBN 979-11-94033-09-7 04900
979-11-91825-50-3(세트)

30 Great
Oriental Classics

위대한 동양 고전 30권을 1권으로 읽는 책

김연수 지음

빅피시
BIG FISH

삶의 답을 찾아가는 여정에
가장 훌륭한 동반자

우리는 그동안 주로 정해진 답을 맞히는 것에 익숙했다. 학창 시절에는 5개의 보기 중에서 가장 알맞은 정답 하나를 찾으면 높은 시험 점수를 받을 수 있었다. 성인이 된 이후에도 때에 맞게 학업, 취업, 승진, 결혼, 육아 등 인생 과업들을 숙제처럼 해치웠다. 선생님과 부모님이 정해준 대로, 때로는 남들이 대부분 하는 대로 인생에 정해진 코스와 답이 있는 듯이 살아왔다.

그런데 나이가 들고 보니 수많은 갈림길에서 망설이는 나 자신을 발견하게 된다. 분명히 그동안에는 갈림길에서 표지판이 어렴풋하게 있었던 거 같은데 이제는 길을 안내하는 표지판이 없다. 그리고 깨닫는다. 정답이 있는 줄 알았던 인생에 정답이 없다는 것을.

◆
우리는 결국
동양 고전을 만나게 된다

'마흔 이후의 얼굴은 스스로 만든다'는 말처럼 이제는 태어나면서부터 주어진 것들보다 나의 의지로 선택한 일들이 내 인생에 더 많은 영향을 끼치는 나이가 되었다. 이제 '나 자신'과 '나의 선택'으로 앞으로의 인생을 스스로 만들어나가야 한다. 지금껏 정해진 답과 목적지가 있을 거라 생각하고 빠르게만 달려왔는데 스스로 만들어가야 한다니 혼란스럽다. 혼란스러우니 불안하고, 불안하니 수많은 고민이 생긴다.

'어떻게 살아야 올바른 삶일까?'

'진정한 인간관계란 어떤 것일까?'

'열심히 살아왔는데 왜 불행할까?'

'옳고 그름의 판단 기준은 뭘까?'

이런 고민들을 해결하기 위해 유행하는 자기 계발서를 읽거나 유튜브 영상을 찾아본다. 자극적인 말들이 처음에는 그럴듯하게 들리지만 시간이 지나고 나면 곧 공허해진다. 결국 돌고 돌아 '동양 고전'을 만나게 된다.

동양 고전은 동양 문화권에서 오랜 시간 동안 전해져 내려온 지혜와 철학, 역사, 문학 등을 담고 있는 중요한 문헌이다. 짧게는 몇백 년, 길게는 몇천 년에 걸쳐 내려온 동양 고전 속 내용들이 오늘날 우리의 신념과 행동 양식을 만들었다. 공간과 시간을 초월하여 사람들이 중요하다고 여기는 가치와 덕목들을 후대에 전달했다.

프랑스 사상가 볼테르의 말처럼 역사가 반복되는 것이 아니라 인간의 행동이 반복된다. 인간의 심리와 사유, 욕구와 감정들은 그대로이기 때문이다. 그래서 시대가 바뀌고 삶의 방식은 달라져도 인류가 가슴에 품은 고민은 크게 달라지지 않는다. 동양 고전은 이런 삶의 근원적인 물음에 대해 인류의 스승이라 불리는 위대한 인물들이 기록해 놓은 해설서다.

◆　　　　　　　　　**삶의 위기를 이겨내는**
　　　　　　　　　힘과 지혜를 주는 고전들

이 책에 담긴 30권의 동양 고전은 우리 사회와 일상에 큰 영향을 끼친 친숙한 고전들이다. 과거에 시대를 대표하거나 시대의 흐름을 바꾼 위대한 고전들이며, 현재의 우리에게도 묵직한 메시지를 주는 삶의 지표와 같은 책들이다.

　1장에서는 동양 사상의 뿌리인 유가, 도가, 불교의 대표 고전들을 다루었다. '신과 믿음'의 시대에서 '인간과 사유'의 시대로 넘어가는 기원전 8세기에서 기원전 3세기를 '축의 시대'라고 부른다. 인류 사상의 기원이 탄생한 '기축' 시대라는 의미다. 이때 동양에서도 공자, 노자, 붓다와 같은 인물들이 나타났다. 공자는 인(仁)으로써 인간다움과 도덕적 가치를 제자들과 치열하게 토론했고, 노자는 무위(無爲)로써 비움의 철학을 5,000자의 짧은 글로 남겼다. 부처는 고통에서 벗어나 행복으로 가는 길을 연기(緣起)와 사성제를 통해 이야기했다.

2장은 지금 못지않은 혼란과 불안의 시대를 산 인물들이 몸소 깨닫고 내놓은 지혜의 고전들이다. 성악설로 유명한 《순자》를 더 넓은 시각에서 바라보고, 《한비자》를 통해 550여 년 동안 지속된 춘추 전국 시대를 극복하고 중국 통일을 가능하게 한 힘은 무엇이었는지 살펴보았다.

3장에서는 지금도 널리 읽히는 처세와 자기 계발 고전들을 소개했다. 불멸의 고전 《주역》을 통해 변화의 흐름을 읽는 법을 들여다보고, 싸우지 않고도 이기는 전략적 사고를 《손자병법》을 통해 알아보았다. 자기 계발이 나의 재능과 잠재력을 끌어내는 것이라면, 처세는 그 에너지가 세상과 만나는 일이다. 인생이라는 바다를 잘 건너려면 먼저 나를 돌아보고 내면을 단단하게 다져야 한다. 《채근담》은 내공을 단단히 키워줄 처세술의 대표적인 고전이다.

4장에서는 우리가 자주 들어보았지만 정작 읽어보지 않은 필독 고전들을 다루었다. 너무 유명해서 읽지 않아도 내용을 안다고 착각하는 고전들을 새로운 시각으로 깊이 들여다보았다. 노년의 승려 일연은 가장 어두운 시기에 가장 빛나는 역사서를 썼다. 《삼국유사》에 담긴 수많은 이야기는 우리나라 문화의 원형이며 여전히 K-콘텐츠로서 위력을 발휘하고 있다. 조선 후기를 뒤흔든 박지원의 《열하일기》에서는 시대의 흐름을 간파하는 예리한 관찰력과 사소한 것에서도 사고의 전환을 꾀하는 높은 안목을 엿볼 수 있다.

5장은 우리나라 역사에 굵은 획을 그은 한국 대표 고전들이다. 이황의《성학십도》와 이이의《성학집요》를 읽으면 그들이 왜 조선을 대표하는 두 큰 산이었는지, 왜 오늘날 지폐 속 인물이 되었는지를 알 수 있다. '나라를 망하게 하는 것은 외침이 아니라 공직자의 부정부패'라고 말한 정약용의《목민심서》와 가난한 나라를 부강하게 만들고자 한 박제가의《북학의》는 한국 역사의 빛나는 고전들이다.

6장에서는 우리의 지적 수준을 더 넓고 깊게 만들어줄 고전을 소개했다.《난중일기》와《징비록》은 임진왜란이라는 역사적 사건을 다룬다. 이 두 고전을 통해 임진왜란이 단순한 전쟁이 아니라 동아시아 사회에 큰 전환점이 된 사건임을 이해할 수 있고, 한 개인이 위기와 고난을 극복해나가는 힘과 지혜를 느낄 수 있다. 사마천은 궁형이라는 최악의 곤욕 속에서도 살아남아 불후의 명작《사기》를 남겼다. 사마천은 자신의 인생과 더불어 4,000명이 넘는 인물들의 이야기를 들려주며 어떤 삶이 가치 있는 삶인지 독자들이 스스로 판단하도록 만든다.

◆ 고전을 읽는다는 것은 나를 읽는 것

동양 고전은 시대를 대표하는 각 저자들이 인간과 사회, 자연을 예민하게 느끼고 살피며 삶의 본질적인 질문에 답을 찾아가는 생각의 여정을 치열하게 보여준다. 하지만 고전 특유의 시대적 배경과 추상적인 개념어들은 우리가 고전에 선뜻 다가설 수 없게 만든다. 그래서 이 책과 같은 친절한 고전 안내서가 필요하다.

고전이 쓰인 시대적 배경과 함께 저자의 삶, 현대 사회에 미친 영향 등 고전을 다각도에서 입체적으로 살펴볼 수 있게 이 책을 구성했다. 최대한 원문의 내용을 살리면서도 쉬운 용어와 풀이를 사용했고 짧은 글로도 핵심 내용을 파악할 수 있도록 설명과 도식을 함께 담았다. 이 책 1권으로 30권에 해당하는 동양 고전의 참맛을 느낄 수 있을 것이다.

고전을 읽는다는 것은 처음엔 '텍스트'를 읽는 것이고, 그다음엔 '저자의 삶'을 읽는 것이고, 궁극적으로는 '나'를 읽는 것이다. 인생은 나에게 끊임없이 질문을 던지고 스스로 답을 찾는 여정이다. 그 여정에 동양 고전은 가장 훌륭한 동반자가 되어준다.

이 책이 독자 여러분을 동양 고전의 세계로 빠져들게 하는 가장 쉬운 안내서가 되길 바란다.

김연수

차
례

—3장—

변치 않는 처세의 기술을 알려주는 고전

4장

학창 시절 교과서에서 자주 본 필독 고전

5장

알면 저절로 감탄하게 되는 한국 대표 고전

6장

지적 대화를 위해 반드시 읽어야 할 고전

1장

★

동양 사상의
뿌리와도 같은
고전

01

공자
《논어》
기원전 5세기

어떻게 살아야
인간다운 삶인가?

공자(孔子, 기원전 551~479)

중국 춘추 시대 사상가이자 교육자, 정치가. 이름은 공구(孔丘)이며, 자는 중니(仲尼)이다. 노나라에서 태어나 다양한 분야의 학문을 공부하며 지식을 쌓았다. 여러 제자들을 가르치며 자신의 사상을 전파했고 유교의 시조가 되었다. 어지러운 사회를 바로잡기 위해 사람들 사이에서 꼭 지켜야 할 도덕적 원칙을 중시했으며 특히 인(仁)을 강조했다. 공자의 사상은 그의 가르침과 제자들과의 대화를 기록한 《논어》에 잘 드러나며 동아시아 사회의 사상적 기반이 되었다.

※ 주요 저서: 《춘추》 《십익》

우리는 지금도 춘추 전국 시대라는 단어를 일상적으로 쓴다. 예를 들면 '치킨 시장 춘추 전국 시대. 치킨 브랜드 각축전'처럼 말이다. 이 말은 주로 비슷한 여러 세력이 득세하여 서로 싸우는 상황을 비유할 때 쓴다. 무려 2,000년이 지난 말을 21세기에도 혼란함의 대명사처럼 쓰고 있다니! 그 시대는 과연 어떠했을까?

춘추 전국 시대는 춘추 시대와 전국 시대로 나누어진다. 중국 역사에서 대략 기원전 7세기에서 기원전 2세기를 가리키는 말이다. 공자가 지은 역사서 《춘추》와 유향이 지은 역사서 《전국책》에서 각각 시대의 이름이 유래했다. 이 명칭의 뜻을 살펴보면 그 시대가 보인다.

춘추(春秋)는 한자 그대로 봄과 가을, 시간의 흐름을 말한다. 아직은 이전 왕조인 주나라가 종주국으로서 지위를 형식적으로나마 유지하고 있었다. 하지만 점점 시간이 지날수록 자신을 천자국이라고 칭하는 제후국들이 난립하기 시작했다. 전국 시대는 전국(戰國)이라는 말 그대로 본격적인 전쟁의 시대였다.

춘추 전국 시대를 표현하는 두 단어는 바로 '부국강병'과 '무한 경쟁'이다. 그때 통치권자들의 관심사는 백성들의 행복한 삶이 아니라 어떻게 하면 나라를 강하게 만들어 다른 나라 위에 군림할 수 있는가였다. 전국 시대만 해도 200여 년이나 지속되었으니 계속된 전쟁으로 시체가 산을 이루고, 살아 있는 사람들도 굶주리거나 가족들과 뿔뿔이 흩어지는 상황이었다. 어쩌면 자본주의 시대 무한 경쟁을 강요받는 지금의 우리 모습과 닮아 있다. 우리도 가끔 몸과 마음이 아주 지쳐 극한에 다다르면 맥이 탁 풀리고 머리가 멍해질 때가 있다. 그리고 삶의 원초적인 질문을 던진다.

'나는 누구? 여긴 어디?'

춘추 시대를 살았던 공자도 마찬가지다. 인간이 인간일 수 없는, 오늘 하루를 열심히 산다고 안정된 내일을 보장받을 수 없었던 시대에 공자도 삶의 가장 근원적인 물음을 던졌다.

'어떻게 살아야 인간다운 삶인가?'

그에 대한 공자의 답이 바로《논어》다. 이렇게 극도로 혼란했던 시대였기에 인류의 위대한 고전《논어》가 탄생할 수 있었다.

◆   **사람과 사람 사이에**
지켜야 할 모든 것

《논어》라는 책 제목에 의문을 가져본 적이 있는가? 비슷한 시기에 쓰인 다른 동양 고전들은 책을 지은 사람과 책 제목이 같고 대부분 '~자'로 끝난다.《맹자》《순자》《장자》처럼 말이다. 그렇다면《논어》는 왜 '공자'가 아닐까?《논어》는 공자가 직접 지은 책이 아니기 때문이다.《논어》는 공자의 제자들이 '공자의 말' '공자와 제자 사이의 대화'

'제자들의 말' 등을 모은 어록집이라고 할 수 있다. 그래서 다양한 주제에 관해 묻고 답한다는 의미에서 '논(論)하는 말(語)'이라는 제목을 붙였다.

《논어》는 총 20편 498장으로 되어 있다. 각 편은 학이, 위정, 공야장처럼 각 편의 머리글자 두세 자를 따서 지었다. 《논어》는 크게 앞 10편을 '상론', 뒤 10편을 '하론'이라고 한다. 그런데 상론과 하론은 마치 서로 다른 책처럼 글자 수나 호칭, 서술 방식에 차이가 나는데 편찬 시기가 다 다르기 때문이다.

《논어》는 어느 특정한 시기에 어느 한 명의 손에 편찬된 것이 아니다. 진(秦)나라 때 분서갱유를 피해 공자의 후손들이 집 벽 속에 숨겨놓은 《고문논어(古文論語)》가 나중에 발견되기도 했다. 당시의 책은 종이에 붓으로 쓴 형태가 아니라 죽간이었다. 매우 무겁고 많은 양의 죽간은 보관하거나 이동할 때 글자가 빠지거나 구절의 순서가 바뀌는 경우가 많았다. 그래서 《논어》를 읽다 보면 중복되는 문장도 있고 언뜻 주제나 체제가 일관성이 없어 보인다. 그런데 이런 불완전성이 오히려 《논어》에 생명력을 불어넣어주었다. 완벽하지 않은 책이기에 여러 해석과 풀이로 얼마든지 시대에 따라 변화가 가능했다.

《논어》는 사회 정치서, 경제 경영서 때로는 자기 계발서, 자녀 교육서 등으로 분류될 수 있다. 그만큼 공자와 제자들이 나누었던 주제가 매우 다양하다. 그중에서 공자가 강조했던 핵심 개념 하나를 꼽는다면 단연코 '인(仁)'이다. 많은 학자들이 어질 인(仁)을 '사랑'이라고 나름 쉽게 풀어 설명하려 하지만 와닿는 표현은 아니다. 《논어》 속 '인'은 그냥 '인'이다. 한자 자체에 그 답이 숨어 있다. 인(仁)이라는 한

공자의 핵심 사상 하나를 꼽는다면 단연코 '인(仁)'이다.

자를 살펴보면 사람 인(人)과 둘 이(二)다. 사람이 두 명이라는 의미다. 사람과 사람 사이에 지켜야 할 모든 것 즉, 관계에서 필요한 가치가 바로 인이다. 그것은 경우에 따라 사랑, 배려, 공감, 신뢰 등으로 다양하게 해석할 수 있다.

> 己所不欲, 勿施於人
> 기소불욕, 물시어인

> 내가 하고 싶지 않은 것을 남에게 시키지 말라.
> _⟨안연⟩

《논어》〈안연〉편과 〈위령공〉편에 두 번 나오는 문장이다. 공자가 말한 인의 구체적 실천 방법을 가장 잘 보여준다. 매우 당연한 말이지만 곱씹을수록 참 어려운 말이다. 공자는 이 문장을 서(恕)라고 했다. 용서할 서(恕)는 같을 여(如)와 마음 심(心)을 합친 한자다. 나의 마음과 타인의 마음을 같게 여기라는 의미다. 관계에서 이보다 더 필요한 가치가 있을까?

이 외에 《논어》에 등장하는 예(禮), 정명(正名), 군자(君子), 덕치(德治)도 모두 인(仁)에서 확대된 개념이라 할 수 있다. 인이 마음이자 정신이라면 예는 그 마음과 정신이 외면으로 표출된 형식과 규범이다. 그리고 그것이 잘 지켜질 때 '임금은 임금답고 신하는 신하답고 부모는 부모답고 자식은 자식다워진다'고 보았다. 공자는 이렇게 각자가 맡은 역할과 책임을 다하는 것이 즉 이름을 바로 세우는 일, 정명(正名)이라고 했다. 공자가 제시하는 이상적 인간상인 군자는 다름이 아니라 인과 예를 삶 속에서 구현하는 사람이다. 그리고 이런 인물이 통치자가 되어 나라를 다스려야 한다는 덕치(德治)를 주장했다.

爲政以德, 譬如北辰居其所, 而衆星共之
위정이덕, 비여북신거기소, 이중성공지

덕으로 나라를 다스린다는 것은 비유하자면 북극성이 제자리에 머물러 있어도 많은 별들이 그것을 향해 주위를 돌고 있는 것과 같다.

_〈위정〉

공자가 바란 가장 이상적인 나라의 모습이다. 통치자가 인과 예를 지키고 덕으로 나라를 다스린다면 사회 구성원 또한 각자 주어진 역할에 충실하며 저절로 사회 질서가 지켜질 것으로 보았다. 마치 북극성과 그 주위의 별들처럼 말이다. 전쟁이 끊이지 않았던 시대에 공자는 인간다운 삶에 대한 질문을 던졌고 인(仁)을 바탕으로 그 답을 찾으려고 했다.

◆ 우리가 지금《논어》를 읽어야 하는 이유

공자는 지금으로 말하면 강력한 팬덤을 형성한 영향력 있는 인물, 인플루언서라고 할 수 있다. 공자에게는 지금의 SNS 팔로워나 구독자에 해당하는 수많은 제자들이 있었기 때문이다. 그를 따르는 제자가 거의 3,000명이었고 그중에서도 10명의 뛰어난 제자들은 따로 공문십철(孔門十哲)이라 일컬었다. 공자는 자신의 역량보다 제자들을 통해 그 이름을 남길 수 있었다고 해도 과언이 아니다.

공자의 사상은 이후 맹자, 순자 등을 거쳐 유학, 유교라는 이름으로 학문, 종교로까지 발전한다. 특히 중국 역사상 가장 영향력 있는 왕조 중 하나인 한(漢)나라가 유교를 국교로 정하고 400년 넘게 왕조를 유지했다. 이후 많은 나라들이 유교를 국교로 받아들이면서 공자의 사상이 잘 정리된《논어》는 필독서로서 권력을 가진 책이 되었다. 《논어》는 한자와 함께 중국 주변의 여러 나라로 퍼져나갔고 우리나라에도 이미 삼국 시대에 전해졌다는 기록이 있다.

《논어》를 읽고서 아무런 변화가 없다면 그는 《논어》를 읽지 않은 것이다. 《논어》를 제대로 읽는다면 자기도 모르게 손을 흔들고 발을 구르며 춤을 추게 될 것이다.

중국 송나라 시대 유학자 정이(程頤)의 말이다. 이 말이 지금 우리가 《논어》를 읽는 이유를 가장 잘 대변해준다. 지금 우리는 유학에 대한 지식을 얻기 위해 《논어》를 읽기보다 삶의 지혜를 얻기 위해 《논어》를 읽는다. 춘추 전국 시대 못지않은 무한 경쟁 시대에 살며 삶의 근원적인 질문에 대한 답을, 깨달음을, 변화를 얻기 위해 《논어》를 읽는다. 《논어》는 여전히 동양은 물론 전 세계에 압도적인 영향을 끼치는 고전이다.

함께 읽으면 좋은 책

- 《강의》 신영복, 돌베개, 2004
- 《논어강설》 이기동, 성균관대학교출판부, 2011
- 《군자가 버린 논어》 임자헌 옮김, 루페, 2016

02

맹자
《맹자》
기원전 3세기

잃어버린 본래의 마음을
되찾는 길

맹자(孟子, 기원전 372~289)

중국 전국 시대 사상가. 이름은 맹가(孟軻)이며, 공자와 더불어 유교의 대표적인 사상가로 꼽힌다. 공자와는 200여 년의 차이가 나지만 공자의 제자인 자사(子思)의 문하에서 학문을 배우며 공자의 사상을 계승하고 발전시켰다. 인의(仁義)를 강조하며 인간의 본성은 본래 선하다는 성선설(性善說)을 주장했다. 이 외에도 왕도 정치, 역성혁명 등을 주장했으며 그의 정치, 사회 철학은 후대에도 큰 영향을 끼쳤다. 《맹자》는 《논어》와 함께 중요한 유교 경전으로 여겨진다.

"죽는 날까지 하늘을 우러러 한 점 부끄럼이 없기를 잎새에 이는 바람에도 나는 괴로워했다."

한국인이 가장 사랑하는 시, 윤동주의 〈서시〉다.《맹자》를 읽다 보면 이 시 구절을 떠올리게 하는 부분이 있다.

군자에게는 세 가지 즐거움이 있는데, 우러러 하늘에 부끄럽지 않고 굽어서 사람에게 부끄럽지 않은 것이 그중 두 번째다.

_〈진심 상〉

군자의 두 번째 즐거움이 〈서시〉의 구절과 꼭 닮아 있다. 실제로 윤동주는 어린 시절에 외삼촌으로부터 한학을 배웠고, 그의 수첩에 《맹자》 구절들을 메모해놓은 흔적이 있다고 한다. 어두운 시절을 살았던 천재 시인에게도 영향을 끼친 고전,《맹자》는 제목 그대로 맹자의 사상을 담은 책이다. 맹자가 직접 지었다는 설이 지배적이나《논어》처럼 그의 제자들이 정리해놓은 것이라는 의견도 있다. 아마 맹자가 직접 짓고 추후 그의 제자들이 부분적으로 내용을 보완하고 수정했을 가능성이 크다.

공자가 춘추 시대를 살았다면 맹자는 전국 시대 인물이다. 춘추 시대에 150개가 넘었던 제후국은 피비린내 나는 전쟁 끝에 전국 시대에 이르러 7개의 강대국 중심으로 재편되었다. 한, 위, 조, 연, 제, 초, 진의 7개 제후국을 전국 칠웅이라고 부른다. 전국 칠웅의 제후들은 약육강식의 세계에서 살아남고, 천하를 차지하기 위해 이름난 사상가들을 초대해 그들의 지혜를 구하고자 했다. 맹자도 그중 한 명이었다.

맹자가 양혜왕을 만났다.

왕이 물었다.

"어떻게 하면 우리나라를 이롭게 할 수 있을까요?"

맹자가 대답했다.

"왕께서는 하필 이익(利)을 말씀하십니까? 오직 인(仁)과 의(義)가 있을 뿐입니다."

_〈양혜왕 상〉

바로 《맹자》의 첫 장면이다. 양혜왕은 다른 나라보다 우리나라의 백성이 많아지고 영토를 확장하는 방법에 대해 물었는데 맹자는 인의로써 나라를 다스리면 저절로 그렇게 될 것이라고 답했다. 당장 손쉽게 이익을 볼 수 있는 방법을 알고 싶었던 왕들에게 맹자의 대답은 그저 《사기》의 기록대로 '세상물정 모르는 딱한 소리'였을 뿐이다. 영토 확장과 천하 제패가 유일한 목적이었던 전국 시대, 맹자의 인의를 바탕으로 한 왕도(王道) 정치는 시대에 녹아들 수 없었다.

맹자는 제나라, 임나라, 송나라, 등나라와 같은 여러 나라를 떠돌며 왕들을 만났지만, 군주들은 맹자의 뜻을 제대로 실현하지 못했다. 그는 70세가 넘은 나이에 고향인 추나라로 돌아와 제자들을 가르치며 자신의 사상을 책으로 정리했다. 비록 그의 주장은 현실 정치에서는 실패했지만《맹자》라는 책으로 영원히 살아남았다.

◆ 옳은 것과 그른 것을 먼저 생각하라

《맹자》는 〈양혜왕〉 〈공손추〉 〈등문공〉 〈이루〉 〈만장〉 〈고자〉 〈진심〉 7편으로 구성되어 있으며 각 편은 다시 상, 하 편으로 나뉜다. 편명은 가장 마지막 장인 '마음을 다한다'라는 〈진심(盡心)〉 편을 제외하고 모두 그가 만나 대화를 나눈 인물의 이름이다.《논어》가 짤막한 말 모음집이라면《맹자》는 에피소드 중심의 단편 모음집이다. 각 편마다 일정한 주제가 있으며 특히 제후들과의 문답이 많은 부분을 차지한다.《맹자》를 정치학, 제왕학의 교과서로 보는 이유가 여기에 있다.

공자의 핵심 개념이 인(仁)이라면 맹자의 핵심 개념은 의(義)다. 맹자는 이를 아울러 인의(仁義)라는 표현을 많이 썼는데 공자의 가르침을 보완하고 확장한 것이다. 의(義)는 '옳다'는 의미다. 한마디로 '올바름'이다. 어떤 일이든 그것이 나에게 이익이 되느냐 안 되느냐보다는 옳고 그른지를 먼저 생각해야 함을 강조했다. 인이 사람과 사람 사이에 마땅히 가져야 할 '마음'이라면 의는 그 마음을 토대로 사회 속에서 실천해야 할 '행동'이다.

인은 사람의 마음이고 의는 사람이 가야 할 길이다. 그 길을 버려두고 가지 않고, 마음을 잃고도 찾을 줄 모르니 애달프구나! 사람이 자신이 키우던 개나 닭을 잃어버려도 그것을 찾으러 다니는데 마음을 잃고도 찾을 줄 모른다. 학문의 길은 다른 것이 없다. 잃어버린 마음을 찾는 것일 뿐이다.

_〈고자 상〉

맹자는 잃어버린 마음을 찾아야 한다고 했다. 인간은 본래 선한 마음을 가지고 태어나기 때문이다. 바로 우리가 잘 알고 있는 '성선설'이다. 만약 어린아이가 우물에 빠지려는 모습을 본다면 누구나 '어엇!' 놀라고 걱정하는 마음이 들 것이다. 아이를 구하려는 적극적인 행동이 없더라도 순간 가졌던 그 마음, 맹자는 그 마음을 포착하고 측은지심(惻隱之心)이라고 이름 붙였다.

불쌍하고 가엾게 여기는 마음 측은지심(惻隱之心), 옳지 않은 것을 부끄러워 하고 미워하는 마음 수오지심(羞惡之心), 양보하고 공경하는 마음 사양지심(辭讓之心), 옳고 그름을 분별하는 마음 시비지심(是非之心) 이렇게 인간의 타고난 마음을 4가지로 나누었다. 이것을 사단(四端)이라 하는데 단(端)은 단서, 실마리라는 뜻이다.

사단은 마치 흙 속에 묻힌 씨앗과 같다. 눈에 보이지 않는다. 가능성의 상태이기 때문에 알맞은 물과 햇빛을 통해 잘 길러야 한다. 그리고 그것이 꽃과 열매로 발현되는 상태가 바로 사덕(四德)이다. 측은지심은 인(仁), 수오지심은 의(義), 사양지심은 예(禮), 시비지심은 지(智)라는 덕목으로 실현된다.

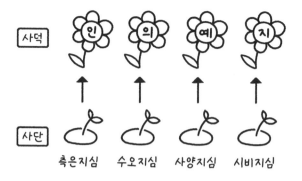

맹자는 인간의 타고난 마음을 4가지로 나누었다.

    '인간은 정말 선하게 태어나는가?'에 관한 정확한 사실 여부는 중요하지 않다. 맹자의 성선설은 일종의 신념이다. 인간 본성에 대한 믿음이 있었기 때문에 '백성이 가장 귀하고 왕이 가장 가볍다(진심 하)'라는 민본(民本)주의 사상도 꽃피울 수 있었다. 왕의 권력은 지위에서 나오는 것이 아니라 백성에게서 나오기 때문에 왕이 왕 노릇을 제대로 하지 못한다면 왕을 바꿀 수 있다는 역성혁명(易姓革命)도 그래서 가능한 주장이었다.

    맹자의 왕도 정치는 거창한 정치 이론이 아니라 부모가 자식을 대하듯 왕이 먼저 백성을 돌보면 백성은 저절로 왕을 따르고 강한 나라가 된다는 사상이다. 특히 맹자는 백성들이 먹고살 수 있는 안정된 생활을 보장해주는 것을 강조했다.

    백성들은 항산(恒産)이 없으면 항심(恒心)도 가질 수 없다. 항심이 없으면 방탕하고 간사하고 사치하는 등 못 하는 짓이 없게 된다. 죄를 저지르기를 기다렸다가 따라가 처벌한다면 이것은 곧 백성을 그물질하는 것과 같다.

_〈양혜왕 상〉

항산(恒産)이란 일정한 생업이다. 우선 먹고살 문제가 해결되어야 인의예지라는 도덕적인 마음, 항심(恒心)도 키울 수 있다고 보았다. 최근에서야 논의되고 있는 '기본 소득'과 매우 유사한 개념이다. 국가가 최소한의 인간다운 삶을 누릴 수 있도록 국민에게 일정한 소득을 보장해주어야 함을 2300년 전 맹자는 이미 알고 있었다.

◆ **방심, 조심, 자포자기**
생활 속 어휘로 남다

맹자는 공자의 고향인 노나라와 멀지 않은 곳에서 태어나 공자의 손자인 자사의 문하에서 공부했다. 공자와는 200년의 나이 차이가 나는데 만약 공자가 살아 있었다면 자신은 나서지 않았을 것이라고 말할 정도로 공자를 흠모했다. 공자의 사상을 토대로 삼아 그것을 한층 더 발전시킨 맹자가 있었기 때문에 유학이라는 학문의 탑은 더욱 공고할 수 있었다.

하지만 《맹자》는 '군주가 정치를 잘못하면 언제든 바꿀 수 있다'는 다소 격한 주장 때문에 왕들에게 환영받지 못했고 다른 경전에 비해 소홀히 취급되었다. 그러다가 송나라 이후 주자학이 도입되면서 사서(四書)의 하나로 주목받기 시작했다.

특히 조선의 건국 공신인 정도전에게 가장 영향을 끼친 책이 다름 아닌《맹자》다. 정도전은 맹자의 역성혁명론에서 조선 건국의 명분을 찾았으며 도읍을 한양으로 정한 후 사대문의 이름 중 세 곳에 맹자가 강조한 인의예(仁義禮)를 각각 붙였다. 동쪽은 흥인(仁)지문, 서쪽은 돈의(義)문, 남쪽은 숭례(禮)문이라 하였으며, 북쪽은 지(智)를 붙이지 않고 숙정문이라 하였다. 지혜를 뜻하는 지(智)를 넣으면 백성들이 똑똑해져 나라를 다스리기 어려워지지 않을까 우려했다고 한다.

맹자의 말은 어떤 상대도 설득시킬 만큼 논리 정연하고 무릎을 탁 칠 만큼 비유가 적절하다. 그래서《맹자》는《논어》의 3배가 넘는 분량임에도 읽는 재미가 있다. 왕 앞에서도 기죽지 않고 "당신이 정치를 못 하면 쫓겨날 수도 있다"는 사이다 발언도 서슴지 않는다.

우리가 흔히 쓰는 많은 어휘와 성어도 바로《맹자》에서 나왔다. 방심(放心), 조심(操心) 같은 일상 용어부터 조금 낫거나 못한 정도는 있지만 본질적으로 차이가 없음을 뜻하는 오십보백보(五十步百步), 자신을 스스로 해치고 버린다는 뜻의 자포자기(自暴自棄)라는 성어까지, 의식하지 못했지만 우리의 언어 생활에《맹자》가 녹아들어 있다.

《맹자》는 2,300년이나 된 오래된 책이지만 우리가 사는 공간의 이름으로, 우리가 쓰는 말로써 여전히 살아 숨 쉰다. 읽을수록 재밌으며 높은 가르침을 주는《맹자》는 고전(古典)이자 고전(高典)이다.

- 《맹자, 민심을 얻는 왕도 정치의 고전》 김원중 옮김, 휴머니스트, 2021
- 《당신의 인생에서 꼭 한번은 맹자를 만나라》 판덩, 이든서재, 2024
- 《동양철학 에세이 1》 김교빈 외, 동녘, 2014

03

장자
《장자》
기원전 3세기

재미있는 우화로 가득 찬
동양의 '이솝우화'

장자(莊子, 기원전 369~289)

중국 전국 시대에 활동한 인물로 노자와 함께 도가의 주요 사상가다. 이름은 장주(莊周)이며, 노자의 사상을 바탕으로 자신만의 독자적인 철학을 구축해 《장자》라는 저서를 남겼다. 장자는 별다른 관직을 맡지 않고 사회적 제약에서 벗어나 자연 속에서 자유로운 삶을 추구했다. 모든 것은 상대적이며 절대적인 기준이 없다는 것을 강조한 그의 관점은 후대의 지식인과 예술가에게 많은 영감을 주었다.

어느 가난한 청년이 생활고를 견디다 못해 평소 알고 지내던 부유한 사람을 찾아갔다.

"당장 하루 이틀만 버틸 수 있게 몇만 원이라도 빌려주시면 나중에 반드시 갚겠습니다."

그러자 부유한 사람은 이렇게 대답했다

"내가 로또에 당첨되면 그 자리에서 바로 당첨금의 절반을 주겠소. 몇만 원보다 몇억이 더 좋지 않소?"

빌려주기 싫으면 빌려주기 싫다고 하지, 실현 불가능한 말을 선심 쓰듯 말하니 가난한 청년은 기분이 더 나빴다. 그래서 이렇게 쏘아붙였다.

"내가 여기 오는 길에 시궁창의 물고기 한 마리를 만났습니다. 그 물고기가 당장 숨을 헐떡이며 한 줌의 물을 달라고 했지요. 그래서 제가 '나중에 대통령을 만나게 되거든 한강의 물을 죄다 끌어다 물고기 너에게 주겠다' 하고 약속하고 왔습니다."

매우 현대적으로 각색했지만, 이 이야기의 주인공이 바로 장자다. 그의 일화는 이렇게 유독 '가난'과 관련된 것들이 많다. 역사 기록 속 장자의 모습은 주로 다 떨어진 짚신과 여기저기 기운 자국이 있는 거친 무명옷으로 묘사된다. 실제로 그는 전국 시대 약소국인 송나라 출신이며 옻나무밭을 관리하던 말단 관리로 잠깐 일했다고 한다.

그의 가난하고 불우한 환경은 처음에는 주어진 것이었지만 나중에는 그가 스스로 선택한 일이기도 했다. 전국 시대 강대국인 위나라 왕의 부름에도 장자는 "나는 비단으로 잘 포장되어 귀한 서랍에 갇힌 거북보다 더러운 진흙탕에서 힘들게 꼬리를 끌어도 자유로운 거북이 되겠다"라며 왕의 부름을 매몰차게 거절했다. 이렇게 지독하게 가난하고 불우했지만, 오히려 당당하고 자유로웠던 장자의 모습과 사상이 그의 저서 《장자》에 고스란히 드러난다.

흔히 공자와 맹자를 아울러 '공맹 사상'이라 부르듯 노자와 장자를 아울러 '노장 사상'이라 부른다. 우연인지 필연인지 공자와 노자가 비슷하게 춘추 시대를 살았고 그들의 사상을 잇는 맹자와 장자도 기원전 3세기, 전국 시대를 살았던 동시대 인물이다. 공자와 노자가 유가와 도가의 큰 개념을 만들었다면 맹자와 장자는 사상의 체계를 공고하게 쌓아 올린 계승자들이다.

맹자가 대놓고 자신은 공자를 스승으로 모시고 그의 사상을 이어받았다고 말한 것과 달리 장자는 직접적으로 노자에 관한 언급을 하지 않았다. 하지만 《장자》에서 나타나는 '도'는 노자가 말한 도와 거의 유사하다. '실재하지만 형체가 없고 만물을 생성·변화시키는 존재로서의 도' 그 자체다. 따라서 《장자》는 노자로부터 영향을 받았으나 장자 자신의 독자적인 사상이 담겨 있는 책이라 볼 수 있다.

해학과 풍자를 통해
평등과 자유를 말하다

◆

고대 문헌이 늘 그렇듯 장자가 저술한 최초의《장자》가 어떤 형태였
는지 정확히 알 수 없다.

　오늘날 우리가 보는《장자》는 그가 죽은 지 600년 후 서진 시대 곽
상이 정리한 것으로 총 33편으로 구성되어 있다. 내편 7편, 외편 5편,
잡편 11편으로 내편이 주로 장자 사상의 정수를 담고 있다고 평가받
는다. 그에 비해 외편과 잡편은 내편의 뜻을 연구하고 해석한 2차 저
작이라는 의견이 많다.

　《장자》는 6만 5,000여 자나 되는 매우 두꺼운 책이다.《노자》가
5,000자였던 것에 비하면 거의 10배가 넘는 분량이다. 장자는 무슨
할 말이 그리 많았던 것일까? 장자는 스스로 "나의 글은 우언이 구(九)
이다"라고 말했을 정도로《장자》의 대부분은 재미있는 우화로 가득
차 있다. 그야말로 동양의 '이솝우화'다. 독특한 캐릭터를 가진 인물
이나 의인화된 각종 동식물이 등장해 흥미로운 이야기의 세계로 독
자들을 끌어들인다.

　《장자》의 핵심 개념은 크게 '평등'과 '자유'다. 평등과 자유는 누
구나 아는 흔한 말이지만 무엇이라 딱 설명하기 어려운 추상적인 개
념이다. 그래서 장자는 이 추상적인 개념을 친절하게 아주 구체적인
이야기로 들려준다. 일종의 스토리텔링 기법이다. 우화는 상황을 머
릿속에 단번에 떠올리게 하고, 복잡한 내용을 쉽게 이해할 수 있도록
도와준다. 또한 우화에는 비유와 상징, 해학과 풍자가 들어 있다. 이

렇게 우화는 장자가 자신의 사상을 더욱 설득력 있게 전달하고자 일부러 선택한 서술적 장치다.《장자》는 철학서인 동시에 감동과 재미를 주는 문학서다.

《장자》의 내편 중에서도 〈제물론〉과 〈소요유〉는 특히 장자의 핵심 사상을 담고 있다. 〈제물론〉과 〈소요유〉는 그 제목 자체가 바로 평등과 자유를 나타낸다. 그리고 두 개념은 결국 서로 이어진다. 〈제물론〉의 제(齊)는 '가지런하다'라는 뜻이며 물(物)은 만물 즉, 모든 존재다. 모든 존재를 가지런하게 하는 것이다. '평등한 시각으로 만물을 바라봐야 한다'는 의미다. 〈소요유〉는 한가롭게 거닐며 논다는 뜻이다. 별다른 목적 없이 그저 그 과정을 즐기는 산책이다. 근심과 걱정, 속박에서 벗어난 자유의 경지를 비유한다.

> 오리 다리가 짧다고 해서 그것을 늘여준다면 오히려 오리는 괴로울 것이다. 학의 다리가 길다고 하여 그것을 잘라버린다면 오히려 학은 슬퍼할 것이다. 본래 긴 것은 자를 것이 아니고 짧은 것은 늘여줄 것이 아니다. 처음부터 길고 짧은 것은 없애야 할 근심이 아니었다.
>
> _〈변무〉

장자는 오리와 학을 통해 길고 짧음, 크고 작음, 아름다움과 추함, 쓸모 있는 것과 쓸모없는 것 등과 같은 구분과 편견이 얼마나 위험한지 경고하고 있다. 우리는 마치 우물 안 개구리가 긴 대롱으로 하늘을 보고 하늘의 전부를 알았다고 하는 것처럼 모두 불완전한 감각을 통해 세상을 인식한다. 그러므로 그 인식은 절대적이며 무조건 옳은 것이 될 수 없다. 나와 다른 입장이나 가치를 이해하고 존중할 때 우리는 세상을 좀 더 넓은 시각으로 볼 수 있다. 그리고 그런 넓은 시각만이 어딘가에 얽매이지 않는 인식의 자유를 가져다준다.

> 옛날 붕(鵬)이라는 거대한 새가 있었다. 붕의 등은 어찌나 큰지 수천 리나 되었고 날개를 펼치면 하늘을 덮은 구름과 같았다. 바다 위를 날아오를 때는 물보라가 삼천 리나 튀고 회오리바람을 타고 구만 리 하늘 꼭대기로 날아오른다. 이렇게 여섯 달을 날고서야 쉰다. 참새가 날아가는 붕을 보고 비웃는다.
> "뭣 하러 힘들게 구만 리까지 날아오르지? 여기서 느릅나무 위로 날아오르고 또 땅으로 내려오면 그만이지."
>
> _〈소요유〉

《장자》를 펼치면 가장 먼저 나오는 대붕의 이야기다. 이 대붕이 바로 장자 자신이자 장자가 추구하는 모습이 아니었을까? 높이 날아오른 새에겐 세상 만물은 하나의 점처럼 보인다. '도'의 관점에서 본다면 분별은 상대적일 뿐 그런 구분 자체는 의미가 없다. 장자의 초월적이고 광활한 시각이 머릿속에 저절로 그려지는 대목이다.

장자는 이렇게 평등과 자유의 경지에 오른 사람을 지인(至人), 진인(眞人)이라 하였으며 이런 경지에 오르기 위해서 '좌망'과 '심재'라는 수양 방법을 제시했다. 좌망(坐忘)은 조용히 앉아 자기를 구속하는 모든 것을 잊는다는 뜻으로 오늘날 '명상'과 비슷하다. 심재(心齋)는 마음을 깨끗이 한다는 의미로 마음을 비우는 방법이다. 욕심으로 마

제물론
평등

소요유
자유

《장자》에 나오는 대붕 이야기는 장자의 초월적이고 광활한 시각을 잘 보여준다.

음을 가득 채웠을 때보다 오히려 마음을 비웠을 때 일이 더욱 잘되었던 경험이 우리 모두 있지 않은가.

〈제물론〉의 마지막에는 장자의 시그니처, 호접지몽(胡蝶之夢)이 나온다. 나비 꿈을 꾼 장자는 나비가 자신이 된 것인지 자신이 나비가 된 것인지 모르는 물아일체를 경험한다. 결국 호접지몽도 평등과 자유에 관한 이야기다. 나와 나비를 나누고 구별 짓는 것은 어리석은 일이다. 모든 존재는 변화의 상태로 존재하기 때문이다. 그런 이치를 깨달은 장자는 꿈속에서 진짜 나비가 된 것처럼 훨훨 날아다니는 자유의 달콤함을 맛보았다.

가혹한 현실을 견디게 한 치유의 책

장자는 아내가 죽었는데도 슬퍼하지 않고 북을 치며 노래를 불렀다고 한다. 계절이 변하듯 삶과 죽음도 변화의 일부이니 새로운 존재로 변화하는 아내를 축하해야 한다는 이유에서였다. 장자의 말과 행동은 우리의 상식을 훨씬 벗어난다. 만약 장자가 현대를 살아가는 인물이라면 많은 사람들은 그를 비웃었을 것이다. 마치 참새가 대붕을 비웃는 것처럼 말이다. 그러면 장자는 오히려 '참새들이 어찌 대붕의 뜻을 알겠느냐' 하며 허허허 웃어넘기지 않았을까?

하지만 당시 권력에 핍박받던 소외된 지식인과 진정한 자유를 꿈꾸던 예술가들은 이런 기인(奇人)스러운 장자에게 완전히 매료되었다. 장자의 해탈과 달관적 사상이 그들에게는 가혹한 현실을 견디게 하는 치유의 역할을 했다. 특히《장자》를 탐닉한 많은 예술가들은 〈소요유〉 같은 자유롭고 이상적인 세계에 대한 동경을 그들의 작품 속에 담았다. 이는 위진 시대 이후 동양의 예술 발전에 커다란 영향을 미친다.

《장자》의 내편 중 〈소요유〉 〈제물론〉 다음 편이 바로 〈양생주〉다. 양생(養生)이란 건강하게 오래 잘 사는 법이다. 생명과 건강을 중시한 이 부분은 불로장생에 대한 사람들의 관심으로 이어져 동양 의학의 발전에도 기여한다. 위진 남북조 시대를 거쳐 수나라, 당나라 때 노장사상은 민간 신앙과 합쳐져 도교를 형성하였고 불교와 함께 크게 유행한다. 특히 양귀비로 유명한 당나라 현종은《장자》를 자신의 인생

책으로 꼽으며 숭상하고 존경한다는 의미로《남화진경(南華眞經)》이라고 높여 불렀다. 경(經)은 성인이 지은 책에만 붙여주는 최고의 칭호다.

우리나라도 이미 삼국 시대 때부터 도교의 영향을 받아《장자》의 내용들이 전해졌다. 조선 시대 유학자인 이황과 이이도《장자》를 즐겨 읽었다고 한다. 또한 도가의 양생법은 조선 시대 간행된 우리나라 최고의 의학서, 허준의《동의보감》에도 사상적 기반으로 작용했다.

현실이라는 동그라미가 있다면 도가는 그 밖에 있다. 우리는 그 동그라미 안에 있으면서도 항상 밖을 궁금해한다. 우리는 모두 우물 안 개구리다. 공간과 시간 그리고 지식의 한계를 지닌 불완전한 존재이기 때문이다. 하지만 우물이 전부인 줄 아는 개구리와 내가 갇혀 있는 곳이 우물임을 깨달은 개구리는 다르다. 내가 가진 한계와 편견을 아는 개구리만이 몸은 비록 우물 속에 있지만 자유롭고 너른 바다를 꿈꿀 수 있다. 현실이 있기에 이상을 꿈꿀 수 있고, 이상이 있기에 현실을 살아갈 수 있다. 이것이 바로 많은 사람을 매료시킨《장자》의 매력이 아닐까.

함께 읽으면 좋은 책

- 《강신주의 장자 수업1,2》 강신주, EBS BOOKS, 2023
- 《노자와 장자에 기대어》 최진석, 북루덴스, 2022
- 《처음 시작하는 장자》 김세중, 스타북스, 2022

04

노자
《도덕경》
기원전 5세기

진정한 지혜와 행복에 이르는 비움의 철학

노자(老子, 기원전 6~5세기)

중국 춘추 시대 사상가. 이름은 이이(李耳), 자는 담(聃)으로 생애는 정확히 알려지지 않았다. 그는 인위적인 개입을 최소화하고 자연 그대로의 무위(無爲)를 주장하며 말로 표현할 수 없는 진리인 도(道)와 도를 구현하는 구체적인 덕목인 덕(德)을 강조했다. 《도덕경》은 5,000자의 짧은 글로 노자의 사상이 함축되어 있다. 노자 철학은 '도가'라는 하나의 학파를 이루었고 이후 불교, 유교, 민간 신앙에 큰 영향을 미쳤다.

기원전 5세기 무렵 "무엇인가 이름 붙일 수 있다면 오히려 그것은 본질이 아니다"라고 선언한 철학자가 있었으니, 그가 바로 노자(老子)다. 그가 언제 태어났고 죽었는지에 대한 정확한 기록은 없다. 그의 신비스러운 행적 때문에 실존 인물이 아닐 수도 있다는 설도 있다. 하지만 여러 역사서에 그에 관한 기록이 자주 등장하는 것으로 보아 실존 인물이었을 것으로 추측한다.

그중 가장 자세하고 신빙성이 높은 기록은 전한 시대 사마천이 쓴 《사기》의 기록이다. 노자의 노는 늙을 노(老)다. 그의 초상화를 보면 그는 주로 하얀 수염과 눈썹을 가진 노인으로 그려지는데 엄마 배 속에서 81년 만에 이미 노인의 모습으로 태어났기 때문이라고 한다. 이런 흥미로운 탄생 설화는 물론 후대에 만들어진 것이지만 그를 더욱 신비로운 존재로 만들어준다.

노자는 공자와 마찬가지로 춘추 시대 인물이며 공자보다 약간 연배가 높았다. 동양 사상의 두 축인 공자와 노자가 동시대 인물이었던 것은 우연이 아니다. 철기의 발명으로 생산력이 급격히 증가하고 기존 계급 구조가 뒤틀리면서 큰 혼란을 맞았던 춘추 전국 시대였기 때문이다. 춘추 전국 시대는 무자비한 전쟁의 시대였지만 시대의 변화를 예민하게 관찰한 누군가에게는 철학을 꽃피운 시대였다. 그래서 위대한 두 스승 공자와 노자도 탄생할 수 있었다. 공자와 노자의 역사적 만남은 《사기》〈노자한비 열전〉에 기록되어 있다. 공자가 노자를 찾아와 예에 대해 묻자 노자는 이렇게 대답했다.

> 좋은 장사꾼일수록 물건을 깊숙이 숨겨두고 마치 비어 있는 것처럼 하고, 군자는 크고 높은 덕을 갖추고도 마치 어리석은 사람처럼 행동한다.

한마디로 '잘 모르면서 함부로 아는 척하지 말라'라는 비난에 가까운 충고였다. 하지만 이런 대답을 듣고 온 공자는 오히려 제자들에게 "노자의 모습은 마치 용과 같았다"라고 전했다. 《사기》에서 공자가 차지하는 많은 분량에 비해 노자에 대한 기록은 매우 빈약하지만 이처럼 그의 존재감은 꽤 강렬하다.

노자는 주나라 왕실 도서관인 수장실의 사관이었다. 수많은 책을 접할 수 있는 위치에 있었기 때문에 세상의 이치에 통달한 높은 사상적 경지에 이를 수 있었다. 노자는 그토록 혼란했던 춘추 시대, 천자국인 주나라 왕실이 무너지는 것을 보고 관직에서 물러나 무작정 길을 나선다. 국경인 함곡관을 지날 때 수문장인 윤희를 만난다. 윤희가 노자를 알아보고 속세를 떠나 은거하기 전 세상의 혼란함을 극복할 가르침을 구하자, 노자는 바로 그 자리에서 글을 써 준다. 그 글이 바로 《도덕경》이다.

물 흐르듯 자연스러운 무위의 정치를 말하다

《도덕경》은 5,000자에 불과한 짧은 책이다. 산문이라기보다 시에 가깝다. 문장이 짧고 상징적이며 함축적인 표현이 많다. 《도덕경》은 마치 동양화와 같다. 동양화는 묵(墨)이라는 한 색깔로 그림을 그리고 나머지는 비워둔다. 우리는 흔히 이를 '여백의 미'라고 부른다. 그리지 않은 부분까지 그림이다. 그 여백을 해석하는 것은 그림을 감상하는 사람의 몫이다.

《도덕경》도 말하지 않음으로써 가르침을 전한다. 노자는 진정한 본질은 언어로 규정할 수 없다고 보았다. 그는 말을 아끼면서 오히려 생각이 배회할 공간을 두었다. 그래서 《도덕경》은 유독 많은 해설서와 주석서를 가진 책이다. 해설서와 주석서를 합쳐 약 1,500권이 있었다고 전해지며 지금까지 남아 있는 것만 해도 350여 권에 이른다. 서양에서는 동양 고전 중 가장 많이 번역되어 100여 종의 번역서가 있다.

《도덕경》은 총 81장으로 이루어졌다. 상편 37장을 도경, 하편 44장을 덕경이라 하므로 합쳐서 《도덕경》이라 불리게 되었다. 노자 사상을 담고 있으므로 이 책을 《노자》라고도 하며 《노자 도덕경》이라고도 한다.

도를 도라고 말할 수 있다면 진정한 도가 아니다. 이름에 이름을 붙일 수 있다면 진정한 이름이 아니다. 무(無)는 천지의 시작을 일컫는 것이고 유(有)는 만물의 어머니를 일컫는 것이다.

_〈제1장〉

《도덕경》1장은 누가 일부러 첫머리에 가져다 놓았나 싶을 정도로 책의 전체 내용을 집약적으로 보여주고 있다. 《도덕경》의 핵심 개념은 무(無), '없음'이다. 여기서 없음은 아무것도 없는 'nothing'이 아니다. 형체가 없고 언어로 개념화할 수 없을 뿐 인간의 감각과 인식을 초월한 '어떤 상태'다.

여기 빈 그릇이 있다고 상상해보자. 그릇 자체가 아니라 그 비어 있음이 그릇을 그릇일 수 있게 한다. 그릇은 '없음'으로 인해 무엇을 담을 수 있는 '쓰임'이 생긴다. 창과 문을 뚫어 방을 만들면 그 빈 공간으로 인해 사람이 살 수 있는 쓰임이 생긴다. 없음은 있음을 만들어내는 시작이 된다. 현상이 있게 하는 본질이다. 사람들은 드러나는 유(有)만 볼 수 있지만 유(有)는 사실 무(無)에 의해 만들어진다. 노자는 이 무(無)에 억지로 이름을 붙여 도(道)라고 한 것이다. 그래서 노자 사상을 도가(道家) 사상이라고 한다.

노자가 말하는 도(道)는 우주 만물의 근원이자 만물을 생성하는 자연의 법칙이다. 도의 내용이 무(無)라면 그것을 실현하는 방법이 바로 무위자연(無爲自然)이다. 무위는 '아무것도 하지 않음'이다. 자연은 '스스로 그러함'이다. 무위자연은 인위적인 개입이나 힘을 더하지 않고 있는 그대로 두는 것이다. 노자는 이런 모습을 가장 잘 보여주는 것으로 물(水)을 꼽았다.

최고의 선은 물과 같다. 물은 만물을 이롭게 하면서도 다투지 않고
모든 사람이 싫어하는 곳에 머문다. 그러므로 도에 가깝다.

_〈제8장〉

이 문장에서 '상선약수(上善若水)'라는 표현이 나왔다. 여기서 선(善)
은 '착하다'가 아니라 '좋다'라는 뜻이다. 따라서 상선은 '가장 좋은
것'을 말한다. 즉, 최고의 가치는 바로 물과 같은 특징을 지녔는데 다
투지 않는 부쟁(不爭)과 스스로를 낮추는 겸허(謙虛)다. 물은 모든 생
명을 살리는 근원이다. 앞에 장애물이 나타나 앞길을 막아도 다투지
않고 조용히 돌아간다. 아래로 흐르면서 남들이 싫어하는 가장 낮은
곳에 머문다.
　자연 과학에 영향을 받은 현대인에게 그런 물의 속성은 그저 자

노자는 도를 실현하는 방법으로 있는 그대로 두는 무위자연을 꼽았다.

연 현상일 뿐인데 왜 거기에 철학적 가치를 투영하는지 이해가 되지 않을 수도 있다. 하지만 우리는 어떤 일이 순조롭게 잘 진행될 때 '물 흐르듯 한다'라는 표현을 쓴다. 물은 인위적이지 않고 자연스럽다. 우리는 은연중에 그렇게 느끼고 있다. 노자도 그렇게 느꼈을 것이다. 그래서 노자 철학을 '물의 철학'이라고도 부른다.

무위자연과 상선약수를 정치에 적용한다면 어떤 모습일까? 노자는 소국과민(小國寡民), 작은 나라 적은 백성을 꿈꿨다. 수레나 배, 갑옷과 군대처럼 인위적인 문명의 발달이 오히려 백성을 가난하게 만들고 혼란에 빠뜨린다고 보았다. 나라의 규모가 작고, 불필요한 격식이나 도구가 없다면 백성들은 오히려 소박하고 평화로운 삶을 살게 될 것이라고 이야기한다.

이때 통치자는 존재하되 없는 듯 나라를 다스려야 한다. 노자는 이를 팽소선(烹小鮮)에 비유했다. 마치 '작은 생선을 굽듯이 해야 한다'는 의미다. 작은 생선은 살이 부드럽다. 생선이 다 익기를 미처 기다리지 못하고 이리저리 자꾸 뒤집다 보면 생선 살이 모두 부스러지고 말 것이다. 차분히 지켜보면서 자연스럽게 두는 것이 생선을 굽는 가장 좋은 방법이다. 이것이 바로 노자가 말한 무위의 정치다.

◆ ## 유가는 통치가의 철학
도가는 민중의 철학

노자가 말하는 무위에서 위(爲) 즉, 인위적인 것에는 유가에 대한 비판이 포함되어 있다. 유가에서 강조하는 인의예지와 같은 규범과 사회 제도는 오히려 백성을 괴롭히는 족쇄이며 사회 혼란의 원인이라고 지적했다. 이처럼 유가를 통치자의 철학 측면에서 본다면 도가 사상은 민중의 철학에 가깝다. 도가는 민간에 깊숙이 스며들어 다채로운 사상과 문화를 형성하는 데 영향을 주었다. 특히 도가는 민간 신앙의 다양한 판타지적 요소와 결합하여 '도교'라는 하나의 종교를 이루었다. 노자의 도가와 도교는 엄연히 다른 영역이지만 도교는 《도덕경》을 기본 경전으로 삼고 노자를 신격화했다. 우리가 노자 하면 떠올리는 '도술을 부리는 신선 같은 이미지'는 여기에서 비롯되었다.

한나라 말 인도에서 불교가 전래하였을 때 불교의 중심 개념인 공(空)을 노자의 무(無)로 번역하며 불교라는 낯선 외래 종교가 비교적 쉽게 중국으로 유입될 수 있었다. 당시 사람들은 부처를 '서쪽에서 온 검은 얼굴의 노자'라고 여길 정도였다. 또한 《도덕경》의 유가에 대한 날 선 비판은 오히려 현실적 윤리 규범에 머물러 있던 원시 유학이 송나라에 이르러 심오한 철학으로 중무장한 성리학으로 발전하는 데도 영향을 주었다. 이렇게 불가, 도가, 유가는 동아시아 3대 사상으로 서로 영향을 주고받으며 동양의 깊은 정신적 뿌리를 담당한다.

눈에 보이는 '있음'이 아니라 '없음'에, '형상'이 아닌 '본질'에 주목한 《도덕경》은 역설의 고전이다. 없는 것으로 있는 것을 말하고, 말할 수 없는 본질로 가르침을 전한다. 오늘날 우리가 《도덕경》에서 주목해야 할 부분은 진정한 풍요는 채움이 아니라 비움에서 시작된다는 역설이다.

함께 읽으면 좋은 책

- 《인간이 그리는 무늬》 최진석, 소나무, 2023
- 《살아갈 날들을 위한 공부》 김범준, 빅피시, 2023
- 《고전은 나의 힘, 철학 읽기》 문우일 외, 창비, 2014

05

붓다
《법구경》
기원전 1세기

어떻게 고통 없이
살 수 있을까?

고타마 싯다르타(Gautama Siddhārtha, 기원전 560~480 추정)

불교를 창시한 인물로 예수, 소크라테스, 공자와 더불어 세계 4대 성인 중 한 명이다. 석가모니, 부처, 붓다 등 다양한 명칭으로 불린다. 고타마 싯다르타는 고대 인도 카필라 왕국의 왕자로 태어났으나 생로병사의 고통을 목격하고 29세에 출가했다. 고행 끝에 35세에 보리수 아래에서 깨달음을 얻고 부처가 되었다. 이후 인도 북부를 중심으로 45년간 가르침을 전파했다.

한 조사에 따르면 2021년 우리나라 종교 비율은 개신교 17%, 불교 16%, 천주교 6%라고 한다. 비종교인의 비율은 60%로, 첫 조사가 시작된 84년 56%에 비해 늘어난 수치다. 여기서 흥미로운 점은 비종교인의 호감 종교에 대한 결과다. 불교 20%, 천주교 13%, 개신교 6%다. 조사 결과처럼 우리에게 불교는 그리 낯설지 않은 종교다. 꼭 불교 신자가 아니더라도 한 번쯤은 절에 가고, 불상 앞에서 합장하며, 유명한 스님들의 책을 사 읽거나 가르침에 관심을 가져본 적이 있다.

불교는 기원전 6세기 인도에서 고타마 싯다르타가 창시한 종교다. 우리가 위급한 상황에서 나도 모르게 찾는 그 '부처님'이 바로 고타마 싯다르타다. 그는 부처, 붓다, 석가모니, 석가 등으로 다양하게 불린다. 싯다르타는 고대 인도 카필라 왕국의 왕자로 태어났다. '고타마'가 그의 성이고 '싯다르타'는 이름이다. '석가'는 그가 속한 부족의 이름으로 사카족을 한자로 번역한 것이다. '모니'는 성자(聖者)라는 의미다. '붓다'는 깨달은 자라는 뜻의 일반 명사로 한역하여 '부처'라고 한다.

부족할 것 없이 성장한 싯다르타는 우연히 왕궁 밖에서 늙고 병들어 죽어가는 사람들을 보게 된다. 그는 충격에 휩싸였다. '왜 인간은 생로병사의 고통 속에서 살아야 하는가'라는 근원적인 물음에 괴로웠다. 결국 그는 주어진 안락한 길을 박차고 나와 깨달음을 위한 고행의 길을 걷기로 마음먹는다. 그때 그의 나이 29세였다. 그 후 싯다르타는 생사를 넘나드는 고행 끝에 보리수나무 아래에서 진리를 깨닫고 45년 동안 가르침을 전했다. 깨달은 자, '부처'가 된 것이다. 그를 따르는 무리가 생겨났고 하나의 거대한 교단을 형성했다. 이것이 지금의 불교가 되었다.

그의 깨달음은 무엇이기에 당시 사람들의 마음을 사로잡았을까? 어떻게 2,500년이라는 시간과 7,000km라는 물리적 거리를 건너 지금 우리에게까지 전해졌을까? 불교에서 말하는 3가지 보물, 삼보 덕분이다. 바로 불법승(佛法僧), 즉 부처님, 부처의 가르침, 승려인 제자들이다.

싯다르타는 생전에 기록을 남기지 않았다. 그가 죽은 후 제자들이 모여 스승의 말을 기억해 암송하고 승인하는 방식으로 경전을 만들었다. 부처 사후 300년에 걸친 3번의 대규모 결집 이후 정리된 초기 경전을 《아함경》이라고 한다. 이 책은 비교적 부처의 원음에 가까운 가르침을 담은 초기 경전이다. 부처의 입으로, 제자들의 손으로 완성된 경전은 제자들의 제자, 또 그 제자들의 발로 인도 주변 나라로 전파되었다. 스승의 목소리가 담긴 소중한 책을 품에 안고 수천 킬로미터를 걸어가며 수행했을 제자들, 《법구경》은 이 거대하고 웅장한 《아함경》에 속해 있는 경전 중 하나다.

누구나 알지만
실천하기 어려운 진리를 담다

《법구경》의 원본은 팔리어로 기록되어 있다. 불교 초기 경전은 주로 산스크리트어가 아닌 팔리어로 기록되어 있는데 당시 부처의 설법이 주로 팔리어로 구전되었기 때문이다. 팔리어는 고대 인도의 한 지방 언어다. 《법구경》의 원래 제목은 '담마파다'로 담마는 '진리', 파다는 '말'이라는 의미다. 이것을 다시 한자로 불교에서 가르침을 뜻하는 법(法), 구절을 의미하는 구(句)로 번역하여 제목을 달았다. 제목을 그대로 풀이하면 《법구경》은 '진리의 말씀'이다.

《법구경》이 지금의 모습으로 우리에게 오기까지 두 명의 인물을 알아야 한다. 먼저 팔리어 원본 《담마파다》를 편찬한 인도 간다라국의 승려인 '다르마트라타'다. 팔리어는 지금 쓰이지 않는 언어이며 우리나라 사람에게는 발음조차 낯선 언어다. 그래서 우리는 주로 한역된 책의 제목과 인물의 이름을 사용한다. '다르마트라타'를 법구(法救)라고 부른다. 그는 부처의 말씀 중 주로 운문의 형식이면서 비교적 이해하기 쉬운 내용을 골라 한 권의 책으로 엮었다. 총 26품 423송이다. 품이 편, 챕터라면 송은 시 한 수를 말한다.

두 번째 알아야 할 인물은 '유기난'이다. 이 책이 팔리어 원본으로만 남아 있었다면 지금의 《법구경》은 없었을지 모른다. 223년 중국 삼국 시대 오나라의 유기난이 이 팔리어로 된 《담마파다》를 한역하면서 《법구경》이라는 제목을 새롭게 달았다. 그리고 이것이 우리나라와 일본에까지 전해졌다.

《법구경》에 어떤 내용이 담겨 있는지 한눈에 보여주는 일화가 있다. 당나라 시인 백거이가 도림선사를 찾아가 불교의 가르침에 관해 물었다. 그러자 도림선사가 대답 대신 《법구경》에 나온 시 한 구절을 들려주었다.

모든 죄악을 짓지 말고 모든 선을 받들어 행하며 스스로 그 마음을 깨끗이 하는 것, 이것이 부처님의 가르침이라.

_〈술불품〉

이 시를 읽고 백거이는 이것은 세 살짜리 아이도 아는 것이라며 투덜거렸다. 아마도 더욱 오묘한 어떤 가르침이 있을 것으로 생각했을 것이다. 하지만 도림선사는 빙긋이 웃으며 "세 살 먹은 어린아이도 알 수 있으나 여든 살 먹은 노인도 행하기 어렵다"고 말해주었다.

《법구경》은 도림선사의 말처럼 누구나 알지만 실천하기 어려운 내용을 담고 있다. 심오한 교리를 설명한 다른 불교 경전과 달리 누가 읽어도 이해하기 쉬운 일종의 시집이다. 특정 시대나 종교를 초월한 보통의 삶에 해당하는 내용을 아름다운 시로 표현했다. 아름다운 시답게 수사적인 표현들도 돋보인다. 폭력, 늙음, 욕심 등 시의 주제뿐 아니라 꽃과 코끼리의 비유, 숫자 일과 천의 대비 등 표현법들을 기준으로 하나의 품으로 묶기도 했다. 1장에 해당하는 〈쌍요품〉은 2가지 상황을 제시하여 선한 것과 악한 것을 짝지어 서술한다.

나쁜 생각을 마음에 품은 채 말하고 행동하면 재앙과 고통이 쫓아온다. 마치 수레가 삐걱거리며 바퀴 자국을 쫓아가듯이. 좋은 생각을 마음에 품은 채 말하고 행동하면 복과 즐거움이 쫓아온다. 마치 그림자가 물체를 쫓아가듯이.

_〈쌍요품〉

불교를 관통하는 세계관은 '연기'다. 연기는 인연생기(因緣生起)의 준말로 모든 존재와 현상은 원인과 조건에 의해 생겨나고 사라진다는 의미다. 쉽게 말해 이것이 있어 저것이 있고 저것이 소멸하면 이것도 소멸하는 것이다. 나쁜 마음은 나쁜 결과를 낳고 좋은 마음은 좋은 결과를 낳는다. 싯다르타가 출가를 결심하게 된 결정적 이유는 그가 목격한 생로병사의 끔찍한 모습이었다. 그래서 불교의 사상적 출발점은 '고통'이다. '어떻게 잘 살아야 할까'가 아니라 '어떻게 고통 없이 살 수 있을까'를 고민한다.

모든 도리 중에 팔정도가 가장 뛰어나고 모든 진리 중에 사성제가 가장 뛰어나네. 집착하지 않음이 최상의 가르침이니 두 발 가진 사람 중에 밝은 눈을 가진 부처가 가장 존귀하네.

_〈도행품〉

불교의 핵심 사상이 요약된 문장이다. 사성제란 부처가 고행을 통하여 깨달은 4가지 성스러운 진리, 고집멸도를 가리킨다. 세상은 고통(고, 苦)이며, 고통의 원인은 집착(집, 集)이다. 하지만 그 원인은 제거(멸, 滅)될 수 있으며, 그 방법은 팔정도(도, 道)다. 팔정도란 바르게 보고 생각하고 말하고 행동하는 등 구체적인 8가지 수행 방법이다.

◆
가장 사랑받는
불교계의 베스트셀러

불교는 오랜 시간을 거치며 다양한 교파로 분화되고 각 나라의 문화와 융합하며 독자적인 모습으로 변화하였다. 특히 우리나라가 속한 동북아시아에 영향을 미친 것은 대승 불교다. 대승 불교는 초기 불교가 개인의 수행과 해탈에만 매몰되어 있다는 문제를 제기하며 일어난 불교 부흥 운동이었다. 대승이란 큰 수레라는 의미다. 대승 불교는 많은 사람을 구제하고 민중과 함께해야 한다고 주장하면서 초기 불교를 소승이라고 낮추어 불렀다. 그래서 불교를 크게 대승 불교와 소승 불교로 구분하지만 어디까지나 대승의 입장이다. 전파된 지역에 따라 구분한다면 미얀마, 라오스, 태국 등은 남방 불교라 할 수 있고 초기 불교에 가깝다.

불교 경전도 주로 남방 불교에서 읽히는 초기 경전과 대승 불교에서 읽히는 대승 경전으로 나누어진다. 우리에게는《반야심경》《금강경》《화엄경》과 같은 대승 경전이 더 익숙하다.《법구경》이 속한《아함경》은 주로 남방 불교에서 중요하게 다루어지는 초기 경전으로 우리나라에서는 상대적으로 덜 읽히고 연구도 많이 이루어지지 않았다. 하지만《법구경》은 예외였다. 다른 어떤 불교 경전보다 가장 널리 읽히는 대중적인 경전으로 자리 잡았다. 불교 신자가 아니어도, 불교에 대한 깊은 이해 없이도 거부감 없이 읽히는 일상적이고 보편적인 언어들로 이루어져 있기 때문이다. 그래서 《법구경》을 가장 오래되었으면서도 가장 많이 사랑받은 불교계의 베스트셀러라고 부른다.

또한 《법구경》은 서양의 언어로 가장 많이 번역된 불교 경전이라는 타이틀도 가지고 있다. 19세기 덴마크의 불교학자 파우스벨은 《법구경》을 라틴어로 번역한 후 '동방의 성서'로서 유럽에 소개했다. 그 이후 독일어, 영어 등으로 번역되며 서양인들의 불교에 대한 큰 관심을 불러일으키는 계기가 되었다.

《법구경》은 불교 경전임에도 종교를 뛰어넘는 보편성을 가지고 있다. 일종의 교양서이자 명상 서적이다. 그래서 이 책은 '머리로 읽기'보다 오히려 '마음으로 듣는' 책이다.

함께 읽으면 좋은 책

- **《법구경》** 한명숙 옮김, 홍익, 2021
- **《불교 경전과 마음공부》** 법상, 무한, 2017
- **《세상에서 가장 쉬운 불교》** 자현, 담앤북스, 2021

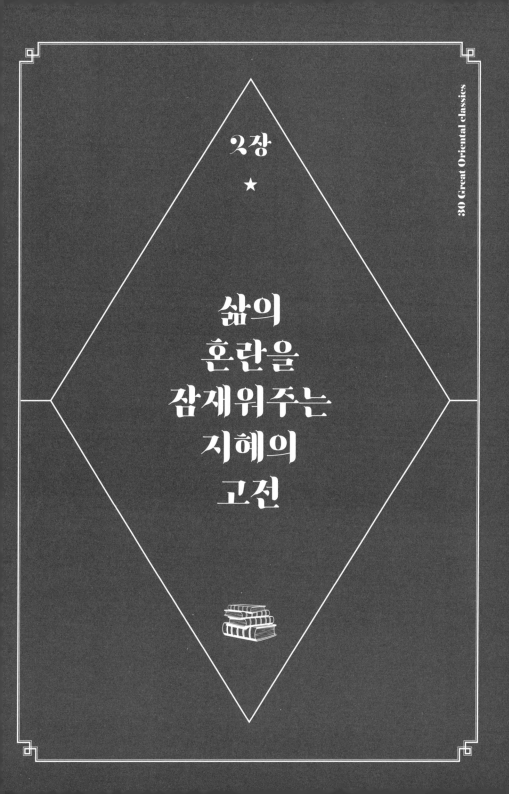

2장

★

삶의
혼란을
잠재워주는
지혜의
고전

06

증자
《대학》
기원전 5세기

마음 그릇을 키우고
주변을 밝히는 삶

증자(曾子, 기원전 505~435)

중국 춘추 시대 유학자. 이름은 증삼(曾參)이며 공자의 제자 중 한 명이다. 그는 공자의
가르침을 충실히 따르고 자신의 삶에 적용하고자 하였다. 공자 사후에도 유학을 연구하
며 후학들을 가르쳐 후대에 유교 사상을 전파하는 데 큰 역할을 했다. 《예기》의 42편에
해당하는 《대학》의 저자로 알려져 있으며 공자의 사상을 3강령과 8조목으로 체계화하
였다.

'대학'이라는 말을 들었을 때 대부분은 대학, 즉 university를 떠올린다. 책으로서 고전《대학》을 떠올리는 사람은 드물다. 하지만 고등 교육 기관으로서 대학이라는 명칭은 바로《대학》이라는 책과 관련이 있다. university라는 개념이 처음 동양에 들어왔을 때 일본에서 '대학'이라고 번역했고 지금도 같은 한자 문화권인 중국과 일본도 '대학(大學)'이라 부른다. 지금의 초등학교를 예전에는 소학교라고 했다. 중국과 일본은 여전히 '소학(小學)'이라고 부르는데 이 명칭 역시《소학》이라는 책과 관련이 있다.

글자 그대로《소학》은 작은 공부,《대학》은 큰 공부다. 여기서 크고 작음은 나이가 어리고 많은 정도를 뜻할 수도 있겠지만 학문의 깊이를 말한다.《소학》은 주로 아침에 일어나 이부자리를 정리하고, 청소하고, 인사하고, 다른 사람과 대화하는 기본 생활 습관에 관한 내용이다. 그에 비해《대학》은 대인을 기르기 위한 학문이다. 여기서 대인은 오늘날 '리더'라는 개념에 가깝다. 리더는 다른 사람을 이끌어 가는 위치에 있는 사람이다. 개인의 인품과 능력이 출중해야 할 뿐만 아니라 그것이 흘러넘쳐 남에게까지 영향을 미쳐야 한다. 이것이 바로 유학에서 말하는 '수기치인(修己治人)'이다. 자신의 몸과 마음을 닦은 후에 남을 다스려라!

《대학》은 원래 《예기》 42편에 해당하는 짧은 글이었다. 남송 시대 학자인 주희가 《대학》에 해당하는 내용을 따로 분리해 한 권의 책으로 만들었다. 물론 그 전에도 《예기》에서 《대학》을 분리하고자 하는 시도는 여러 차례 있었으나 주희가 앞서 연구한 학자들의 내용을 집대성했다고 볼 수 있다.

겨우 1,751자에 해당하는 한 편의 글이 어떻게 한 권의 책이 될 수 있었을까? 바로 《대학》에는 앞서 언급한 '수기치인'의 내용이 집약되어 있기 때문이다. 당시 유학자들이 '수기치인'이라는 개념에 유독 주목한 것은 '송나라'라는 시대적 상황과 맞닿아 있다.

송나라는 크게 북송과 남송으로 나누어진다. 여진족이 세운 금나라에 의해 북쪽 영토를 빼앗긴 송나라는 수도를 한참 남쪽, 현재의 항저우 부근으로 옮겼고 그때부터 남송 시대로 불린다. 주희는 남송 시대에 태어났다. 사회·정치적으로 매우 불안한 시기였다. 유학은 침체기였다. 불안한 민중들의 마음을 파고든 것은 당나라 때 인도로부터 유입된 불교였다. 불교는 개인의 해탈과 내세를 강조하는 종교다. 당시 학자들은 현실을 외면하는 불교 때문에 사회의 혼란이 비롯되었다고 보았으며 유학을 통해 혼란과 모순을 바꿔야 한다고 주장했다.

주희는 기존의 유학을 새롭게 정리하고 체계화하여 사상의 주도권을 잡고자 했다. 이것을 새로울 신(新)을 붙여 신유학이라고 한다. 개인과 탈사회를 주장하는 불교에 대응해 나뿐 아니라 남도 이롭고 더 나아가 올바른 사회를 만들어보자는 일종의 '배워서 남 주자'는 구호가 필요했다. 《대학》은 그에 딱 맞는 텍스트였다.

자신을 수양한 뒤에야
남을 다스릴 수 있다

《예기》는 예란 무엇이며 어떻게 실천할 것인가를 적은 책이다. 총
49편으로 구성되어 있는데《대학》은 이 중 42편에 해당한다. 이 부분
을 공자의 제자인 증자가 썼다고 전해진다.《대학》은 경문(經文) 1장
과 전문(傳文) 10장으로 구성되어 있다. 경문 1장은 공자의 사상을 증
자가 기술한 것이고 전문 10장은 경문에 대한 해설인데 증자의 제자
들이 썼다고 한다. 앞서 언급한 대로 이 부분을《대학》이라는 한 권의
책으로 독립시켜 가치를 부여한 것은 주희의 공이 크다.

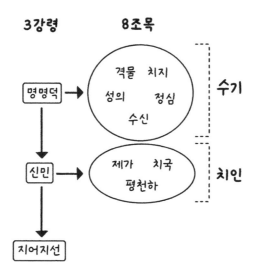

《대학》은 원칙에 해당하는 3강령과 구체적 실천법인 8조목으로 구조화된다.

주희는《대학》을 다시 분석하여 장(문장)과 구(구절)로 분리하고 부족한 내용을 보충해《대학장구》라는 책을 썼다. 사실 지금 사람들이 연구하고 해석하는《대학》은《대학장구》에 가깝다. 비유하자면 원곡은 따로 있지만 다른 가수가 자신만의 음색으로 편곡해 부른 노래가 원곡보다 대중들에게 더 많이 알려진 경우와 비슷하다.

《대학》의 내용은 3강령 8조목으로 구조화할 수 있다. 강령이 나무 기둥과 같은 원칙이라면 조목은 뻗어나간 가지, 즉 구체적 실천법이다.

> 대학의 도는 밝은 덕을 밝히고(明明德), 백성을 새롭게 하며(新民●),
> 지극한 선에 머무르게 하는 데(止於至善) 있다.
>
> _〈경문 1장〉

● 원문은 친(親)으로 되어 있으나, 주희는 친(親)과 신(新)은 통용되므로 신(新)으로 고쳐야 한다고 보았다. 이견이 있으나 많은 학자들이 신민(新民)으로 풀이한다.

명명덕(明明德), 신민(新民), 지어지선(止於至善). 이 3가지가 3강령이다. 내 안에 있는 덕을 잘 닦아 빛나게 하는 것이 명명덕(明明德)이다. 덕(德)의 옛 글자를 살펴보면 곧을 직(直)과 마음 심(心)이 합쳐진 모습(悳)이다. 덕은 곧은 마음이다. 그런데 여기서는 그냥 덕이 아니다. 밝을 명(明)을 붙여 밝게 빛나는 곧은 마음이다. 사람은 태어나면서 이런 밝고 곧은 마음을 하늘로부터 부여받는다고 보았다. 맹자의 성선설이 생각나는 대목이다. 아무리 밝은 구슬도 먼지가 앉으면 빛을 잃고 어두워지듯 사람도 사리사욕에 가려지면 그 본성을 잃게 된다. 구슬의 먼지를 자주 닦아주듯 자신을 수양해 밝은 덕을 더 빛나게 한다면 남까지 비춰줄 수 있다. 그것이 바로 신민이다.

신(新)은 '새롭게 한다'라는 의미다. 옛날에 물든 더러운 것을 없애고 고쳐 새롭게 함이다. '발전'의 의미다. 여기서 백성은 리더가 이끄는 대상이 되는 사람을 가리킬 수도 있지만 내 주변에 있는 모든 존재를 말한다. 이것은 이미 스스로 자기의 덕을 밝혔으면 이를 미루어 남에게까지 미치게 해야 한다는 의미다. 지어지선(止於至善)의 지(止)는 '머무른다'는 뜻이다. 본성을 회복하고 착한 행동을 했다면 그 상태를 계속 유지하는 것이다. 덕을 밝힌 나와 새롭게 된 주변 사람과 함께 지극한 선의 상태에 머무르는 것, 이것이 3강령의 지향점이다.

> 사물의 이치를 연구(格物)한 뒤에 지식이 완전(致知)해지며, 뜻이 정성스러워진(誠意) 뒤에 마음이 바르게 되고(正心), 몸이 닦아진(修身) 뒤에 집안이 다스려지고(齊家), 나라가 다스려진(治國) 후에 천하가 화평(平天下)해진다.
>
> _〈경문 1장〉

격물(格物), 치지(致知), 성의(誠意), 정심(正心), 수신(修身), 제가(齊家), 치국(治國), 평천하(平天下). 이 8가지가 8조목이다. 《대학》을 모르는 사람이라 하더라도 '격물치지'나 '수신제가 치국평천하'라는 말은 익히 들어봤을 것이다. '격물치지'는 학문을 하는 방법이다. 모르는 바를 끝까지 파고들어 이치를 깨닫는다는 의미다. '성의정심'은 인품을 수양하는 방법이다. 매사에 진실하게 행동하고 마음을 바르게 한다는 뜻이다. 지금으로 이야기하면 공부 머리를 키우고 마음 그릇도 넓히는 것이다. 이렇게 자신을 수양한 뒤에야 집안, 나라, 천하를 다스릴 수 있다.

　3강령과 함께 종합해보면 명명덕, 격물치지, 성의정심, 수신은 수기(修己)의 영역이다. 신민(新民), 제가(齊家), 치국(治國), 평천하(平天下)는 치인(治人)의 영역이다. 3강령과 8조목은 이렇게 나의 몸과 마음을 닦는 '수기'와 남을 다스리는 '치인'으로 나누어진다. 《대학》은 철저히 수기치인에 관한 책이다.

◆ ## 중국 역사상
가장 위대한 저술

주희를 중심으로 한 송나라 시기의 유학 부흥 운동은 꽤 성공적이었다. 신유학은 이후 주자학, 성리학이라고 불리며 원나라, 명나라, 청나라에 이르기까지 약 800년간 중국 너머 동아시아 세계를 지배한 사상적 토대가 되었으니 말이다. 《대학》의 3강령과 8조목은 마치 헌법의 법조문 같다. 신유학의 원칙이자 지침, 선언문 같은 역할을 한다. 그래서 《대학》은 《논어》 《맹자》를 제치고 유학자라면 가장 먼저 읽어야 할 유학 입문서로 꼽혔다. 주희는 71세의 나이로 죽기 며칠 전까지도 《대학》의 〈성의장〉을 고치고 있었다고 전해진다. 그가 얼마나 이 책을 귀하게 여겼는가를 알 수 있는 일화다. 중국 근대 혁명가이자 정치가인 쑨원은 《대학》을 세계에서 가장 뛰어나고 체계적인 정치 철학서로 여기며 중국 역사상 가장 위대한 저술이라고 극찬했다.

유학이 우리나라에 들어온 시기는 확실치 않으나 삼국 시대에 이미 유학이 본격적으로 성행했다는 기록이 있다. 고려 말 원나라로부터 신유학인 성리학이 전래하였고 사대부에 의해 새롭게 건국된 조선의 통치 이념으로 굳건하게 자리 잡았다. 조선은 그야말로 성리학의 나라가 되었으며《대학》또한 사대부들의 필수 과목이 되었다.

추상적인 철학과 사상은 구체적인 사회 양상과 만나 현실감을 가진다. 송나라의 신유학은 외세의 침입과 불교 사상에 대한 비판이라는 당시의 시대적 과제를 반영한 결과물이다. 그중《대학》은 가장 중요한 텍스트로서 생명력을 얻었다.

'나만 아니면 돼' '나 혼자 잘 먹고 잘살자'로 표현되는 오늘날 지나친 개인주의 풍조에서 타인에 대한 배려나 관심은 불필요한 낭비로 여겨진다. 복잡한 사회 문제에 대해서는 애써 회피하거나 외면한다. 그래서 '수기치인'과 함께 개인, 사회, 국가의 조화로움에 대해 이야기하는《대학》의 가치는 현재에도 여전히 유효하다. 고전은 과거에 쓰였지만 그 내용과 의미를 읽어내는 것은 언제나 현재를 사는 우리 몫이다.

함께 읽으면 좋은 책

- 《인생의 절반쯤 왔을 때 읽어야 할 대학·중용》 박훈 옮김, 탐나는책, 2020
- 《대학·중용 집주》 성백효, 전통문화연구회, 2010

07

자사
《중용》
기원전 5세기

멈출 때와
나아가야 할 때를 알라

자사(子思, 기원전 483~402)

중국 춘추 시대 유학자. 공자의 손자로 이름은 공급(孔伋)이나 자사(子思)라는 자로 잘 알려져 있다. 어릴 적부터 할아버지인 공자의 영향 아래 유교 사상을 체득하며 자랐다. 맹자가 그의 문하에서 공부한 것으로 유명하다. 자사는 공자의 사상을 발전시켜 극단에 치우치지 않는 도덕적 조화를 강조했으며 그의 사상은 《중용》에 잘 드러나 있다.

※ 주요 저서: 《자사자》

'과유불급'은 누구나 한 번쯤 들어봤을 법한 익숙한 성어다. '지나친 것은 미치지 못한 것과 같다'라는 뜻의 이 성어를 어린아이에게 설명해주었더니 이렇게 대답했다.

"아, 그거 만들기 할 때랑 똑같네요. 만들기 할 때 풀을 너무 많이 바르면 풀이 흘러내리고 찐득거려요. 그렇다고 또 너무 적게 바르면 종이가 잘 붙지 않아요. 그래서 선생님이 적당히 발라야 한다고 하셨어요."

어떠한가? 과유불급의 뜻을 제대로 이해한 대답이지 않은가? 아이가 말한 '적당히'가 바로 과유불급이다. 그런데 여기서 말하는 적당히는 우리가 흔히 말하는 '대충대충 하자'의 대충이나 '가만있으면 중간이라도 간다'의 중간이 아니다. 과하지도 부족하지도 않은 딱 들어맞는 상태. 그것이 과유불급이자 '중용'이다. 고전《중용》은 이런 중용의 덕과 그것을 실천하는 방법에 관한 책이다.

《중용》을 연구하거나 설명하는 책을 읽어보면 꼭 공통된 이 말이 나온다.

"이 책은 어렵고 난해하다."

실제로 송나라 유학자 주희도 《중용》을 읽는 법'이라는 글에서

"《중용》은 초학자들이 이해하기에 마땅치 않다"라고 언급했다.《중용》이 이해하기 어렵고 까다로운 이유는 눈에 보이지 않는 현실 너머의 세계를 다루고 있기 때문이다. 우리는 그것을 형이상학적이라고 하는데 형체를 넘어선 사물의 본질이나 존재의 근본 원리를 연구한다는 의미다.《중용》은 매우 관념적이고 철학적이다. 그래서《중용》을 읽고 나면 고개를 끄덕이는 것이 아니라 갸웃거리게 된다. 그런데 이런《중용》의 특징이 지금의《중용》을 있게 했다.

앞서 언급한《대학》과《중용》은 포지션이 같은 책이다.《대학》처럼《중용》도 원래 한 권의 책이 아니라《예기》속 한 편의 글이었다. 3,500여 자에 해당하는 한 편의 글이 한 권의 책이 될 수 있었던 이유는 바로 송나라 신유학의 부흥을 이끌었던 주희의 의도적인 선택이었다. 당시 당나라를 거쳐 송나라에서 유행했던 불교와 도교에 비해 유학은 현실적인 가르침만 이야기할 뿐 형이상학적이고 철학적인 이론이 부족했다. 도덕과 윤리의 실천적 내용을 넘어 그를 뒷받침할 수 있는 원리를 제시해야 했다. '그래서 왜 그렇게 해야 하지?'라는 궁극적인 물음에 대한 답이 필요했다. 유교 사상에도 깊고 심오한 내용이 있다는 것을 보여주어야 했고 그 결론이 바로 우주와 인간의 관계에 대한 거시적 담론을 담은《중용》이었다.

주희는 새로운 유학의 이론적 틀을 더욱 더 견고히 하기 위해《대학》《논어》《맹자》《중용》을 가장 중요한 4가지 경전이라는 의미에서 사서(四書)로 정해놓았다.《대학》이 유학으로 들어가는 큰 대문이라면《논어》와《맹자》는 먹고 마시며 생활하는 자주 머무는 공간이다. 화려한 인테리어에 모든 사람의 이목이 그곳에 집중된다. 그렇다면

《중용》은 어디일까? 《중용》은 단단한 바닥이다. 눈에 보이지 않아서 그 중요함을 간과하지만, 바닥을 다지는 기초 공사가 건물을 세우는 데 가장 중요하다. 주희에게 《중용》은 사서를 완성하는 마지막 퍼즐과도 같았다.

왜 중용의 삶을
살아야 할까?

《중용》은 《예기》 49편 중 31편에 해당하는 글로 공자의 손자인 자사가 저술한 것으로 알려져 있다. 자사를 높여 불러 자사자(子思子)라고도 하는데 성 혹은 이름 뒤에 자(子)를 붙이는 것은 '~선생님'이라는 존칭이다.

주희는 사서를 정할 때 책의 내용뿐 아니라 저자들에도 주목했다. 《논어》의 공자, 《대학》의 증자, 《중용》의 자사, 《맹자》의 맹자로 이어지는 유학의 계보를 만들었다. 공자의 제자인 증자, 증자의 제자인 자사, 자사의 문하에서 공부한 맹자로 유학의 도가 끊어지지 않고 이어져 내려왔음을 강조했다. 이른바 전통성을 강조하는 학문적 족보를 세웠다. 여기에 공자의 수제자였지만 이른 나이에 죽어 이렇다 할 저작이 없는 안회까지 포함하여 5명의 성인이라는 뜻에서 오성(五聖)이라고 한다.

주희는 《대학》과 마찬가지로 《중용》을 33장으로 나누고 문장과 구절마다 주석을 달아놓았다. 이것이 《중용》의 구조적 이해를 돕는

《중용장구》다. 첫 문장에서 '중용'이라는 책 제목에 대해 이렇게 설명하고 있다.

> 중(中)은 한쪽으로 치우치지 않고 기울지 않으며 지나치거나 부족함이 없음을 이르는 말이다. 용(庸)은 평상을 뜻한다. 정자가 말하기를 치우치지 않은 것을 일컬어 중이라 하고 변하지 않는 것을 용이라 하니, 중은 천하의 바른 도요, 용은 천하의 정해진 이치다.
>
> _《중용장구》 1장

중(中)은 땅에 깃발을 꽂은 모습을 본뜬 글자다. 그 깃발을 기준으로 사람들이 모였기 때문에 '중심'을 의미한다. 용(庸)은 특별할 것 없는 자연스러운 평상시의 모습을 뜻한다. 중용을 우리에게 더 익숙한 단어로 바꾸면 '균형'과 '조화'다. 그리고 그 모습을 늘 유지하는 상태다. 중이 마음이라면 용은 실천적 측면이다.《중용》의 전반부는 하늘 즉, 우주와 인간의 관계를 통해 왜 중용의 삶을 살아야 하는지 관념적으로 설명하고 있으며, 후반부는 그것이 실천되는 다양한 모습을 그리고 있다.

《중용》 1장은 신유학의 핵심 사상이 집약되어 있는 문장으로 천(天), 성(性), 도(道), 교(敎)에 대해 설명하고 있다.

> 하늘(天)이 인간에게 명한 것을 성(性)이라 하며, 이 성을 따르는 것을 도(道)라 하며, 도를 닦는 것을 교(敎)라 한다.
>
> _《중용》 1장

性(성)은 마음 심(心)과 날 생(生)이 합쳐진 글자다. 인간이 태어나면서부터 가지고 있는 마음, 본성을 의미한다. 그 마음을 하늘로부터 부여받았다고 보았다. 여기서 말하는 하늘이란 우리가 나쁜 짓을 한 사람에게 '천벌을 받을 사람'이라고 했을 때의 그 하늘이다. 인간이 관여할 수 없는 절대적 법칙이다. 달이 차면 기울고 꽃이 지고 피듯 일정한 운행 원리를 가진 자연이 하늘이고 하늘이 곧 우주다.

그런 원리에 도덕성을 부여한 것을 천리(天理)라고 하며 내 안에 스며들어 존재하는 것이 본성(本性)이다. 성즉리(性卽理), 본성은 곧 천리다. 신유학을 그래서 성리학이라고 부른다. 인간의 본성이 위대한 우주의 원리와 같다는 전제에서 시작하는 학문이다. 이런 본성을 잘 간직하고 가꾸어 그 길을 그대로 따라가는 것, 이것이 바로 도(道)다. 이미 내가 가진 그 마음을 그대로 따라가면 되는데, 길을 가다 보면 각종 장애물과 유혹을 만난다. 그런 장애물과 유혹을 극복하기 위해 끊임없이 배우고 성찰하며 노력하는 일, 길을 잘 닦아 뒤따라오는 사람들도 잘 끌어주는 일이 바로 교(教)다.

◆ **때와 상황에 맞는
유연한 삶의 태도**

유학은 중국 송나라를 기점으로 오경(五經) 중심의 전통적 유학에서 사서(四書) 중심의 신유학으로 변한다. 춘추 전국 시대를 지나 한나라 때 유학이 비로소 국교로서 권력을 가지게 되었는데 《시경》《서경》

《역경》《춘추》《예기》이 5가지 경전, 오경을 기준으로 관리들이 공부하고 백성을 가르쳤다. 이때는 사서라는 말이 없었다. 그런데 송나라 때 주희가《대학》《논어》《맹자》《중용》이 4가지 책을 사서라고 따로 정함으로써 판도가 완전히 바뀌었다. 이 4가지 책 중 특히《중용》은 사람의 본성은 천지 만물의 근원인 천리에서 출발한다는 신유학의 개념을 철학적으로 정립한 책이다. 그래서 신유학은 '새로운 유학'이라는 이름 대신 '성리학' 그 자체로 입지를 확실히 다질 수 있었다. 그 이후 사서는 우리나라에서도 과거 시험의 필수 과목으로 오랫동안 지위를 누리며 막강한 영향력을 행사했다. 오늘날 대학 입시를 위한 필수 과목이 국영수인 것처럼 사서는 관리가 되기 위해 어릴 때부터 보고 또 보고 달달 외우는 국정 교과서였다.

'중용'은 책 제목뿐 아니라 그 자체로 삶의 태도, 덕목을 가리키는 하나의 보통명사다. 서양 철학에서도 중요하게 다루어지는 개념이다. 아리스토텔레스는《니코마코스 윤리학》에서 중용은 행복을 이루는 중요한 요소라고 언급한다. 인간에게는 누구나 충동과 욕망이 있지만 이성으로 잘 조절하여 양극단으로 치우치지 않게 유지해야 한다고 보았다. 도덕적인 삶을 위해 결핍과 과잉 사이의 균형을 찾아야 한다고 강조하는 대목은 꼭 과유불급의 서양 버전이다.

이런 중용적 삶을 실천하기 위해 우리가《중용》에서 좀 더 주목해야 할 키워드는 바로 '시중'과 '신독'이다. 저울이 한쪽으로 기울어지지 않고 균형을 이루려면 무게 중심이 고정되어 있어서는 안 된다. 때와 상황에 따라 그 중심이 살아 움직여야 한다. 이것을《중용》에서는 때에 알맞게 행동한다는 의미로 시중(時中)이라고 표현했다. 멈출 때와 나아가야 할 때, 힘을 줄 때와 뺄 때를 알고 처지와 상황에 적절한 대처를 하는 것이 중용이라고 할 수 있다.

만약 내가 어느 회사의 인사권을 가진 사람이라고 상상해보자. 누군가가 자녀의 인사 청탁을 하며 단둘이 있는 방 안에서 돈을 건넨다면 어떻게 하겠는가? '아무도 모르는데 받아도 되지 않을까?'라고, 잠시 흔들릴지도 모르겠다.《중용》에서는 이렇게 혼자 있는 순간을 더욱 조심해야 한다고 경고한다. 이것이 신독(愼獨)이다. 홀로 있을 때 더욱 삼가라는 뜻이다. 남이 볼 때뿐 아니라 혼자 있을 때도 일관되게 올바름을 추구하려면 남의 평가가 아닌 내 안에 스며든 천명 즉, 본성에 귀 기울여야 한다. 우리는 흔히 그것을 '양심'이라고 부른다. 인사 청탁의 검은돈을 단호히 거절하는 것처럼 올바른 삶을 살아가는 힘은 내가 정한 나의 기준과 중심으로부터 나온다.

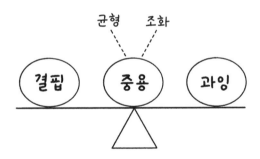

• 시중 : 때에 맞게
• 신독 : 홀로 있을 때 더욱 삼가라

《중용》의 핵심 개념인 균형을 잘 잡으려면 중심이 고정되지 않고 때와 상황에 따라 살아 움직여야 한다.

08

순자
《순자》
기원전 3세기

사람은 얼마든지
긍정적으로 변할 수 있다

순자(荀子, 기원전 313~238)

중국 전국 시대 말의 사상가. 이름은 순황(荀況)이며, 공자와 맹자의 사상을 계승했지만,
인간의 본성에 대한 견해, 하늘과 인간을 별개의 존재로 인식한 점에서는 차이를 보였
다. 그는 제나라의 직하 학궁에서 활동하면서 많은 제자들을 가르쳤다. 인간의 본성은
본래 악하다는 성악설(性惡說)을 주장했으며, 악한 인간의 본성을 교화하고 사회적 질서
를 유지하기 위해서는 교육과 예(禮)가 필요하다고 강조했다.

인간은 '무단 횡단을 하면서 쓰레기를 줍는' 복잡한 존재라는 말이 있다. 인간을 한마디로 규정하기는 어렵다. 법을 어기는 행동을 하면서도 선행을 베푸는 것이 인간이기 때문이다. 그럼에도 '인간은 선한 존재인가? 악한 존재인가?'는 여전히 의미 있는 토론 주제가 된다. 다양한 사회 현상을 설명할 수 있는 생각의 출발점이기 때문이다. 2,000년 전 전국 시대를 살았던 두 사상가도 끊임없이 인간에 대해 탐구했다. 바로 맹자의 성선설과 순자의 성악설이다.

맹자에 비해 순자는 우리에게 별로 익숙하지 않은 이름이다. 그저 성악설을 주장한 전국 시대의 사상가로만 알려져 있다. 그러나 그의 사상을 담기에 '성악설'이라는 3글자는 너무 좁다. 성악설과 함께 그가 진짜 말하고 싶었던 이야기를 자세히 들여다볼 필요가 있다.

> 사람의 본성은 태어나면서부터 이익을 좋아한다. 이익을 따르면 빼앗고 다투며 양보하는 마음이 사라진다. 또한 질투하고 미워하는 마음이 있어 남을 해치게 되고 신의가 사라진다. 나면서부터 귀와 눈의 욕구가 있어 아름다운 소리와 색을 좋아해 음란함이 생기고 예의와 규범이 사라진다.　_〈성악〉

순자의 인간 본성에 대한 설명은 적나라하다. 사람은 이익을 좋아해 남의 것을 빼앗거나 남을 해친다. 만약 아주 배가 고픈 사람 10명이 있는데 음식이 5개뿐이라면 싸움이 날 것이다. 설령 나누어 먹는다 해도 이미 마음속에는 다른 사람을 미워하는 마음이 조금이라도 생길 것이다. 그가 말한 인간의 본성은 사실 '본능'에 더 가깝다. 배고프면 먹고 싶고, 피곤하면 자고 싶은 인간의 생리적 본능 말이다.

순자의 성악설은 단순히 인간을 불신하고 폄하하는 것이 아니라 당시 시대상을 현실적으로 바라본 매우 냉정한 시각이었다. 순자는 맹자보다 약 60년 뒤에 태어났다. 순자가 한창 활동하던 시기는 전국 시대 말, 진나라가 막 천하 통일을 눈앞에 둔 시기였다. 같은 혼란한 시대를 살았지만, 맹자가 이상을 외치며 새로운 세계를 꿈꾸었다면 순자는 현실을 바탕으로 이를 변화시키려고 하였다. 그래서 그의 사상을 담은 《순자》도 한 편의 논설문처럼 매우 논리적이고 객관적이다.

◆
진짜 공부는
행동으로 나타난다

순자는 조나라에서 태어나 학문의 중심지인 제나라에서 공부했다. 그곳에서 최고 연구기관 격인 직하 학궁의 고위 관직을 3번이나 맡았을 정도로 높은 대우를 받았다. 천하를 떠돌았던 공자나 맹자에 비해 비교적 평탄한 일생을 보냈다. 그의 사상이 집약된 《순자》는 〈권학〉

〈수신〉〈천론〉〈예론〉〈악론〉〈성악〉 등 20권 32편으로 구성되었다. 원래 그의 이름을 따 《손경신서》라 불렸는데 한나라의 유향, 당나라 의 양량의 손을 거쳐 지금의 《순자》로 전해진다.

《순자》는 성악설을 토대로 정치, 수신, 자연 인식, 교육론 등 다양한 주제를 다루고 있다. 순자를 성악설의 사상가로만 기억해서는 안 되는 이유다. 공자가 인(仁), 맹자는 의(義)라면 순자의 핵심 개념은 예(禮)다. 예(禮)라는 한자를 살펴보면 제단(示)에 풍성한(豊) 음식을 담은 제기를 올리고 제사를 지내는 모습이다. 제사는 돌아가신 조상들에 대한 추모와 공경하는 마음의 표현이다. 즉, 예는 마음속 덕목이 겉으로 드러나는 표현 양식이라고 할 수 있다. 공자와 맹자도 예를 강조했는데 그들이 말한 예가 개인 행동의 도덕규범에 가까웠다면 순자가 말한 예는 사회 질서와 제도에 가깝다.

> 사람은 태어나면서부터 욕망을 가지고 있다. 바라면서도 얻지 못하면 계속 그것을 욕심내게 된다. 욕망을 추구하는 데 일정한 기준과 제한이 없다면 다툼이 일어난다. 다투면 어지러워지고 어지러우면 막다른 상황에 처한다. 고대 성왕은 그런 혼란을 우려해 예의를 세워 분별했다.
>
> _〈예론〉

순자는 개인의 수양과 절제를 통해 예를 실현해야 함을 강조하기보다 사람이 가진 욕구는 당연하다고 인정한다. 물질과 자원은 한정되고 인간의 욕구는 끝이 없기 때문에 사회 제도와 규범으로 한계를 정해야 질서가 이루어진다고 주장한다. 이는 인간의 도덕성에 기대어 나라를 다스리기보다 객관적 기준인 예에 따라 나라를 다스려야 한다는 예치(禮治) 사상으로 이어진다.

　하지만 객관적 기준을 세워놓았다고 해서 사람들이 저절로 그 기준을 지킬까? 순자는 '교육'이라는 후천적 노력을 강조한다. 굽은 나무라도 먹줄을 쳐 재단하면 곧아지고 무딘 숫돌도 갈면 날카로워지듯 사람도 끊임없는 교육으로 악한 본성을 좋은 방향으로 이끌어 갈 수 있다고 보았다. 사람의 본성을 악하게 보았지만, 사람은 얼마든지 긍정적으로 변할 수 있다는 가능성에 대해 믿었다.

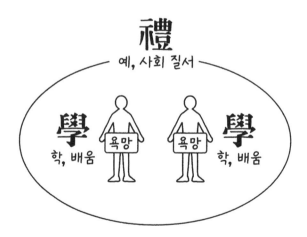

순자는 인간의 욕망은 끝이 없기에 교육과 사회 제도로 질서를 바로잡아야 한다고 주장했다.

푸른색은 쪽에서 나왔지만 쪽보다 더 푸르고, 얼음은 물이 얼어서

된 것이지만 물보다 더 차다.

_〈권학〉

《순자》의 첫 문장이자 유명한 사자성어인 청출어람(靑出於藍)의 원문이다. 청출어람은 제자가 스승보다 나음을 비유하는 말로 널리 알려졌지만 그건 청출어람의 일부 뜻일 뿐이다. 원문을 살펴보면 이 문장 앞에 "학문은 그만둘 수 없다"라는 말이 나오는데 푸른색과 얼음은 끊임없이 학문에 정진한 결과로 보아야 맞다. 학문을 통한 완전한 자기 변화와 발전을 추구해야 함을 말한다. 보잘것없어 보이던 번데기가 아름다운 나비로 완전히 탈바꿈하듯 인간에게는 교육이 그런 역할을 한다고 보았다.

순자가 말한 군자는 재능을 타고난 사람이 아니라 배우기를 잘하는 사람이며, 진짜 공부는 귀로 들어와 입으로 나오는 것이 아니라 마음에 붙어서 온몸으로 퍼져 행동으로 나타나는 것이다. 《순자》의 첫째 편이 학문을 권하는 〈권학(勸學)〉 편임을 봐도 그가 얼마나 '배움'을 강조했는지 알 수 있다.

순자는 당시 철기의 발달로 급격히 생산량이 늘어남에 따라 기존 신분과 계급들이 재편되는, 사회·경제적으로 급변하는 모습을 목격했다. 신분제 사회에서 당연하게 받아들였던 운명론을 부정하고 사람은 누구나 자신의 의지로 원하는 인생을 살 수 있지 않을까 생각했다. 그래서 하늘이 선한 사람에게는 복을 주고 악한 사람에게는 벌을 주는 것이 아니며 하늘은 그저 자연으로서의 하늘일 뿐이라고 했다. 이

것이 순자가 말한 인간과 하늘은 별개의 존재라는 천인이분(天人二分)
이다. 기우제를 지낸다고 해서 비가 오는 것이 아니라 기우제를 지내
지 않아도 비는 온다. 그는 자연은 경외의 대상이 아니라 오히려 잘
이용하고 다스려야 하는 대상이며 그 주체는 가능성과 의지를 가진
인간이라고 믿었다.

◆ 자본주의 시대에
다시 주목해야 할 사상

오늘날의 입장에서 순자는 자연 과학에 입각한 매우 합리적인 사상
의 소유자이지만 오히려 이 천론(天論) 때문에 순자는 유가의 아웃사
이더가 되었다.《맹자》에 비해《순자》의 내용이 잘 알려지지 않은 것
은 순자는 정통 유학의 계보에 포함되지 않았기 때문이다. 우리에게
절대적 영향을 미치는 유학은 송나라 주희가 공자와 맹자의 사상을
재해석하고 정리한 '성리학'이다. 이 성리학에서 말하는 세상을 관통
하는 최고의 원리이자 규범은 바로 '천리(天理)'다. 순자는 그런 천(天)
을 부정했으니, 이단으로 취급받았다. 근대화가 시작된 청나라 말기
에 이르러서야 학자들로부터 재평가받기 시작했으나 여전히 연구 자
료는 부족하다.

　하지만 순자의 사상은 의외의 곳에서 빛을 발한다. 바로 법가다.
법가는 인의와 같은 도덕에 의지해 나라를 다스릴 것이 아니라 강력
한 법과 형벌로써 나라를 다스려야 한다고 주장하는 사상이다. 춘추

전국 시대를 통일한 진나라는 이 사상을 통치 이념으로 삼았다. 법가 사상을 집대성한 한비자와 이사가 바로 순자의 제자들이다. 그래서 순자가 강조한 '예'가 일부 법가 사상에 영향을 주었다고 평가한다.

하지만 법가는 천하 통일이라는 업적을 이루는 데는 성공했지만 오래가지 못했다. 순자가 믿었던 인간의 자율적 의지와 가능성보다는 강제성과 타율적 통제에 초점을 두었기 때문이다. 그래서 순자는 자신이 법가의 시조로 불리는 것을 원하지 않을 것이다. 《순자》를 살펴보면 당시 제자백가의 거의 모든 학문에 대해 다루고 있고, 특히 공자의 어록이 많은 부분을 차지하고 있다. 맹자가 철학적으로 공자의 사상을 발전시켰다면 순자는 실천적으로 공자를 계승한 유학자다. 그는 유가와 법가의 경계선 그 어디쯤에 있다.

《순자》는 그 내용을 음미할수록 고개를 끄덕이게 된다. 마치 지금 시대를 예견한 게 아닐까 싶을 정도로 그의 사상은 자본주의 논리와 닮았다. 자본주의는 인간의 이기심과 욕망이 경쟁의 원동력이라는 논리 위에 세워졌다. 인간은 누구나 자신의 이익이 먼저고 물(物)에 대한 욕구가 있다. 순자는 이런 마음을 부정하거나 없애기보다 당연하다고 말한다. 자본주의와 순자는 이런 인간의 이기심과 욕망을 쿨하게 인정한다. 《순자》는 '욕망의 인간'이 '배움이라는 개인의 노력'과 '예라는 사회 질서'로 좀 더 나은 세상을 만들 수 있다는 메시지를 던져준다. 자본주의 시대를 사는 우리가 《순자》를 다시 주목해야 할 이유다.

함께 읽으면 좋은 책

- 《오십에 읽는 순자》 최종엽, 유노북스, 2023
- 《순자가 들려주는 마음 닦는 이야기》 윤무학, 자음과모음, 2006
- 《고전의 시작: 동양철학편》 황광우 외, 생각학교, 2015

09

묵자
《묵자》
기원전 4세기

소신과 신념을
끝까지 지킨다는 것의 의미

묵자(墨子, 기원전 479~381)

이름은 묵적(墨翟)이며 생애에 대한 정확한 기록은 없지만 중국 전국 시대 초에 활동한 인물로 알려져 있다. 젊은 시절 유학을 공부했으나 유학의 형식적이고 비실용적인 면을 비판했다. 보편적 사랑에 해당하는 겸애(兼愛)와 침략과 공격의 전쟁을 반대하는 비공(非功)을 중심으로 한 그의 사상은 '묵가'라는 하나의 학파를 형성하며 당시 사람들의 절대적 지지를 받았다.

"한 사람을 죽이면 살인자라고 하고 열 사람을 죽이면 그 죄가 열 배에 해당한다고 비난한다. 그런데 전쟁을 일으켜 수백 수천 명을 죽이며 승리한 자는 왜 나라의 영웅으로 칭송받는가?"

2,000년 전 이런 물음을 던진 사상가는 바로 묵자다. '우리나라를 위해 남의 나라 사람을 아무렇지 않게 죽이는 전쟁이 과연 정의롭다고 할 수 있을까?' 하는 의문은 지금도 유효하다.

묵자의 성은 묵(墨)이고 이름은 적(翟)이다. 묵(墨)은 '먹'을 뜻하는 글자로 먹빛, 즉 검은색을 나타낸다. '묵'이라는 한 글자에 그의 특징이 모두 담겨 있다. 햇볕에 그은 검은 얼굴에 기름때가 잔뜩 묻은 작업복을 입은 사람을 상상해보라. 바로 열심히 생산 활동에 참여하는 노동자 계급이다. 묵의 또 다른 의미는 묵형(墨刑)이다. 묵형이란 죄인의 이마에 먹으로 글자를 새기는 형벌로 죄인 집단을 뜻한다고 볼 수도 있다. 고대 시대의 백성은 평소에는 일하는 노동자였고 유사시에는 전쟁에 참여하는 군인이었으니 '묵'의 의미는 결국 '피지배 계급'을 상징한다.

묵자는 이런 검은 사람들을 대변하는 사상가였다. 묵자와 그를 따르는 무리가 하나의 학파를 이루었다고 해 '묵가(墨家)'라고 하는데

'묵'은 묵적의 실제 성이었다기보다 한 집단을 상징하는 글자였을 가능성이 높다.

> 묵적은 송나라 대부로서 성을 지키는 기술이 뛰어나고 절용을 주장
> 했다. 공자와 동시대 또는 후세의 사람이다.
>
> _《사기》〈맹자순경 열전〉

사마천의 《사기》 속 그에 관한 기록은 한자로 24자에 불과하다. 그가 언제 태어났고 죽었는지 정확한 기록은 없지만, 춘추 시대에서 전국 시대로 넘어가는 기원전 479년부터 381년까지 살았던 인물로 추측할 수 있다. 약육강식의 끝없는 전쟁의 시대, 많은 사상가가 당면한 현실의 문제를 해결하기 위한 다양한 해답을 내놓았다. 그들을 '제자백가'라고 한다. 제자(諸子)는 공자, 노자, 맹자, 순자, 장자, 묵자 등 여러 사상가를 뜻하고 이런 사상가를 중심으로 모여든 수많은 학파를 백가(百家)라고 부른다. 제자백가는 훗날 중국뿐 아니라 동아시아의 사상적 토대가 된다. 그들의 목적은 하나였다. 혼란함을 극복한 평온한 세상. 그 시대적 과제를 인식하는 관점이 달랐을 뿐이다. 춘추 시대와 전국 시대의 한가운데에서 묵자가 바라본 현실과 답은 무엇이었을까? 묵적의 삼환(三患)이라 일컬어지는 3가지 걱정을 살펴보면 그의 관점을 알 수 있다.

> 첫째, 굶주린 자가 먹지 못하는 것, 둘째, 추운 자가 입지 못하는 것,
> 셋째, 열심히 일한 자가 쉬지 못하는 것이다. _〈비악〉

그가 주목한 것은 백성의 의식주였다. 백성을 잘 먹고 잘살게 해주는 것. 이것이 묵자가 생각한 시대적 과제였다. 그의 시각은 철저히 백성의 눈높이였으며 실용적이었다.

수많은 전쟁을 막아낸 행동하는 평화주의자

《묵자》는 묵자가 직접 쓰지 않았다고 보는 견해가 많다.《묵자》에 나오는 주요 표현 중 하나가 자묵자왈(子墨子曰)인데 자(子)라는 존칭의 표현이 두 번이나 들어간 것으로 '위대한 묵자 선생님이 말씀하셨다'는 의미다. 이것으로 미루어 보아《논어》처럼 제자들이 묵자의 말과 사상을 정리한 책이라 볼 수 있다.《묵자》는 5부 15권 총 53편으로 구성되어 있으며 정치, 경제, 윤리, 종교, 군사, 자연 과학, 논리학 등 다양한 분야의 내용을 담고 있는 일종의 백과사전이다.

《묵자》의 핵심 개념은 겸애, 교리, 비공, 절용 4가지다. '겸애'와 '교리'가 묵자가 추구한 가치라면 그것을 실현하기 위해 제시한 구체적 실천법이 바로 '비공'과 '절용'이다.

> 다른 나라를 내 나라처럼 여기고, 다른 사람의 가족을 내 가족처럼 여기며, 다른 사람 보기를 나를 보듯이 해야 한다.
>
> _〈겸애〉

묵자가 주장한 겸애(兼愛)는 혈육과 계층의 구분이 없는 보편적 사랑이다. 동양 고전 중에서 사랑 애(愛)가 유독 많이 등장하는 책이 바로《묵자》다. 나를 사랑하듯 남을 사랑한다면 강자가 약자를, 부자가 가난한 사람을, 귀한 사람이 천한 사람을 함부로 약탈하지 못할 것이라고 보았다. 묵자는 유가에서 말하는 사랑은 존비친소(尊卑親疏, 신분의 높고 낮음, 인간관계의 친함과 그렇지 않음)의 별애(別愛)라고 비판했다. 나와 남을 구별하는 차별이 나라와 나라 간의 차별로 확대돼 결국 전쟁으로 인한 사회적 혼란이 비롯된다고 주장했다. 겸애가 서로 사랑하라는 '사회적 평등'이라면 교리(交利)는 서로 나누라는 일종의 '경제적 평등'이다. 묵가 집단은 직접 농사를 짓고 도구를 만드는 생산 활동에 참여하는 계층이었다. 묵자는 열심히 일하고 그 이익을 함께 나누어 다 같이 잘사는 세상을 꿈꿨다.

그는 겸애와 교리를 단순히 입으로만 말하지 않았다. 구체적인 행동으로 그것을 실천했다. 바로 비공(非攻), 침략과 공격의 전쟁을 반대했다. 전쟁을 백성의 생계와 안정된 생활을 파괴하는 행위로 규정했다. 강대국의 침략 전쟁에 맞서 약소국 편에 서서 전쟁을 막을 수 있도록 도왔으며 방어 위주의 무기를 직접 제작했다. 묵가는 유능한 기술자 집단이자 잘 훈련된 군사 조직이었다.

묵자는 초나라가 송나라를 공격할 것이라는 소식을 듣자, 열흘 밤낮을 걸어 초나라 왕을 찾아간 일화로 유명하다. 아무리 좋은 무기가 있어도 자신에게는 더 많은 방어술이 있음을 보여주며 초나라 왕의 침략 계획을 직접 저지했다. 그 이후로도 초나라가 정나라를, 제나라가 노나라를 공격하려는 것을 막았다. 묵자는 행동하는 평화주의

자였다. 맹자의 표현처럼 묵자는 머리부터 발끝까지 닳아 없어진다 해도 천하를 이롭게 한다면 기꺼이 하는 사람이었다.

그가 또 강조한 것은 절용(節用)이었다. 아껴 쓰는 것이다. 나라가 부강해지는 방법은 전쟁을 일으켜 다른 나라의 영토를 빼앗는 데 있지 않고 근검절약에 있다고 보았다. 생산에 힘쓰고 절약하는 것이 백성을 부유하게 하는 길이라고 여겼다. 특히 유가에서 말하는 예와 음악, 후한 장례는 통치자를 위한 것일 뿐 오히려 백성을 가난하게 만드는 허례허식이라고 비판했다. 음식은 허기를 채우고, 가옥은 바람과 추위를 막을 수 있으면 충분하며, 장례는 사치와 낭비 없이 간소하게 진행해야 한다고 주장했다.

묵자의 이런 합리적이고 실용적인 사상은 춘추 전국 시대 백성들의 절대적인 지지를 받았다.《한비자》에 "세상에 이름 높은 학문은 유가와 묵가다"라고 기록되어 있을 만큼 묵자의 영향력은 대단했으며 200년간 전성기를 누렸다. 그러나 묵가 학파는 열렬한 지지를 받은 만큼이나 빠르게 역사 속으로 사라졌다. 묵자가 주장한 사상들은 그를 묵자답게 했지만, 또 몰락의 원인으로 작용했다. 춘추 전국 시대 이후 400년 동안 이어진 통일 국가인 한나라가 국교로서 유교를 택하자, 묵자의 유가에 대한 신랄한 비판은 오히려 화살이 되어 돌아왔다. 겸애를 주장한 그의 사상은 친족 중심의 사랑을 강조한 유가로부터 제 아버지도 모르는 금수 취급을 받으며 철저히 외면당했다.

내부적으로는 공자를 잇는 맹자나 노자를 잇는 장자처럼 묵자의 사상을 발전시킬 뚜렷한 후계자가 없었다는 점, 이타적인 행위가 지속될 수 없게 하는 인간의 또 다른 욕구인 이기심을 간과했다는 점도 묵가 세력이 소멸하는 원인이 되었다.

현대 과학 수준에 버금가는
놀라운 과학 지식서

《묵자》는 우리나라에서도 최근에야 완역되었을 정도로 난해한 책으로 알려져 있다. 제자백가 중에서도 잡가로 취급받으며 오랫동안 연구되지 않은 채 묻혀 있었기 때문이다. 처음에 72편이었던《묵자》는 일부가 중간에 분실되어 51편만 전해지며 대나무 조각으로 만든 책들의 순서가 뒤바뀌면서 해석이 더욱 어려워졌다. 그마저도 도교 서원에서 수집하거나 편찬한 책을 모아둔《도장》에 끼어 있는 형태로 전해 내려왔다.

2,000년 동안 역사 속에서 자취를 감추었던《묵자》가 비로소 빛을 보기 시작한 것은 19세기 청나라 말이었다. 손이양이라는 학자가 《묵자》를 해석하고 주를 단《묵자한고》를 출간하면서 본격적인 연구가 시작되었고 일반 대중들도 읽을 수 있게 되었다. 특히 20세기 초 중국에 불어닥친 사회주의 열풍과 유교적이고 봉건적인 제도와 문화를 철폐하려는 시대적 분위기와 맞물려《묵자》는 더욱 주목받았다. 중국의 근대화를 이끌었던 주요 지도자들은《묵자》에 담긴 사상들이 바로 예수의 박애, 마르크스의 사회주의에 해당한다며 묵자를 '작은 예수, 큰 마르크스'로 칭송했다.

《묵자》의 재조명은 여기에서 끝나지 않았다. 근현대 과학자들로부터도 관심을 받았다.《묵자》중 〈묵경〉 부분에는 현대 과학 수준에 버금가는 기하학, 역학, 광학, 토목 공학에 관한 지식이 잘 정리된 논문처럼 실려 있으며, 방어 무기를 만드는 기술들이 자세히 기록되어 있다. 영국의 과학자인 조지프 니덤은《묵자》를 읽고 감동한 것이 중국 과학사를 연구하는 결정적인 계기가 되었다고 한다.

묵자와 관련된 널리 알려진 성어 2가지가 있다. 바로 묵수(墨守) 와 묵돌불검(墨突不黔)이다. '묵수'는 묵자가 성을 지킨다는 뜻으로 자신의 소신과 신념을 끝까지 지키는 것을 비유하는 말이다. '묵돌불검' 은 묵자의 구들은 그을음으로 검어질 틈이 없다는 뜻으로 바쁘게 다니느라 쉴 겨를이 없다는 말이다. 묵자는 그런 사람이었다. 자신이 옳다고 믿는 일로 세상을 구하고자 직접 몸으로 행동했던 사람. 남에게다 퍼주고도 더 퍼줄 것이 없나 살펴보던, 지금으로 말하자면 행동하는 지식인이었다.

중국의 근대 문학가 루쉰은 "오늘날 청년들에게 가장 필요한 것은 실천이지 말이 아니다. 그 실천이 바로《묵자》다"라고 했다. 맞다. 《묵자》는 실천과 사상을 겸비한 고전이다.

함께 읽으면 좋은 책

- 《묵자, 노동이 존중받는 사회를 꿈꾸다》 김승석, 북코리아, 2021
- 《묵자가 필요한 시간》 천웨이런, 378, 2018
- 《노자와 묵자, 자유를 찾고 평화를 넓히다》 신정근, 사람의무늬, 2015

10

한비자
《한비자》
기원전 3세기

진시황제의 천하 통일을
가능하게 만든 고전

한비자(韓非子, 기원전 280~233)

이름은 한비(韓非)이며 한나라 왕족 출신으로 싱악설을 주장한 순자의 제자였다. 중국 전국 시대에 활동한 인물로 법가 사상을 체계적으로 정리하고 발전시켰다. 강력한 왕권을 중심으로 한 통치를 지향하며, 법과 제도의 중요성을 강조했다. 그의 저서 《한비자》는 진나라의 통일 및 국가 정책에 큰 영향을 미쳤으나 친구 이사의 배신과 정치적 음모로 인해 비극적인 죽음을 맞이했다.

중국 역사상 가장 강력한 군주의 상징이자 춘추 전국 시대를 통일하고 스스로 첫 번째 황제라 칭했던 인물, 진시황제. 그가 천하 통일이라는 대업을 이루기 전에 꼭 만나보고 싶은 사람이 있었다.

"이 책을 쓴 사람과 만나 함께 이야기할 수 있다면 죽어도 한이 없겠다."

진시황제를 감탄케 했던 단 한 권의 책이 바로《한비자》다. 진시황제는《한비자》〈고분〉과 〈오두〉 편을 읽고 이 책의 저자인 한비자를 당장 데려오라고 명령한다. 군주의 마음을 단숨에 사로잡아버린 한비자, 그에게 이 만남은 무한한 영광이었을까? 아니면 불행의 시작이었을까?

한비자는 기원전 280년부터 233년까지 살았던 것으로 추측되며 전국 시대 한나라 사람이다. 춘추 전국 시대는 기원전 403년경을 기준으로 춘추 시대와 전국 시대로 나뉜다. 기원전 221년 진나라가 천하를 통일할 때까지 약 183년간 지속되었던 피로 피를 씻는 전쟁의 시대, 한비자는 그 참혹함의 절정을 살았던 인물이다.

전국 시대 패권을 두고 다투던 7대 강국 연, 위, 제, 조, 진, 초, 한을 전국 칠웅이라 부른다. 한비자는 그중 가장 약소국이었던 한나라 왕의 서자로 태어났다. 약소국의 왕족 그리고 후궁의 자식이라는 이유로 그의 어린 시절은 외롭고 불우했다.

그런 설움은 이름에서도 느껴지는데 한비자의 성은 한(韓), 이름은 비(非)다. 뒤에 붙은 자(子)는 위대한 사상가에게 붙여주는 선생님이라는 뜻의 존칭이다. 보통은 공자, 노자, 순자처럼 성 뒤에 바로 '자'를 붙인다. 그런데 왜 한비자만은 한자(韓子)가 아니라 한비자일까? 처음에 한비자도 한자로 불렸다. 그런데 훗날 송나라 유학자들이 유학을 숭상한다는 명분 아래 당나라의 유학자였던 한유를 한자로 부르게 되면서 한자라는 이름마저도 빼앗긴 채 한비자라고 불리게 된 것이다.

당시 한나라는 주변 강대국들에 이미 많은 땅을 빼앗기고 눈치를 보는 신세였다. 왕은 강력하게 나라를 통치하지 못했고 나라를 부강하게 만들 유능한 신하도 없었다. 멸망의 길로 가고 있던 조국 한나라를 위해 한비자는 부국강병을 위한 계책을 글로 써서 왕에게 바친다.

한비자는 심한 말더듬이였지만 머리가 명석하고 글재주가 뛰어났다. 그는 그동안 받은 울분과 우국충정을 토해내듯 글을 썼다. 그 책이 《한비자》다. 하지만 정작 한나라 왕은 말더듬이가 쓴 책에는 관심이 없었다. 그 책에 응답한 것은 아이러니하게도 적국의 왕 진시황제였다.

진시황제는 강대국의 지위를 이용해 한비자가 오지 않으면 한나라를 쳐들어가겠다고 협박했다. 한비자는 결국 진나라에 와 진시황제를 만났다. 하지만 진시황제는 막상 한비자를 만나자 다른 나라 출신이자 말더듬이였던 한비자를 온전히 믿지 못하고 망설였다. 그 사이 왕과 한비자가 가까워지는 것을 질투한 왕의 최측근 이사가 한비자를 모함하여 감옥에 가두어버린다. 이사는 한비자와 함께 어린 시절 순자에게서 동문수학한 친구였다. 결국 한비자는 친구의 배신과 계략으로 사약을 받고 옥중에서 죽는다.

뒤늦게 진시황제가 한비자를 찾았지만 이미 그는 죽고 없었다. 이후 진시황제는《한비자》에 담긴 주요 사상을 실질적인 정책으로 채택하여 한비자가 죽고 13년 후 마침내 천하를 제패한다.《한비자》는 통일 과업을 이룬 진나라의 정책 기반이 된 고전이라는 영광을 얻었지만, 한비자 개인에게는 억울한 죽음을 초래한 불행이 되었다.

◆ ## 법과 제도에 의한
통치를 주장하다

《한비자》는 20권 55편으로 10만 자에 달하는 방대한 분량의 책이다. 대부분 한비자가 저술하였으며 일부 그의 후학들이 첨가한 부분도 있다. 그중 고독한 사람의 분노라는 뜻의 〈고분〉, 나라를 좀먹는 5가지 벌레를 설명한 〈오두〉 편이 진시황제가 무릎을 치며 읽었던 부분이다. 자신의 주장을 펴는 논설문 형태의 글이며 논거를 뒷받침하는 적절한 비유와 우화들이 많다.

《한비자》에 등장하는 유명한 성어 중 하나는 '수주대토(守株待兎)'다. 우연히 그루터기에 부딪쳐 죽은 토끼를 본 송나라 사람은 그 후로 농사를 짓지 않고 또다시 그런 행운이 오기만을 기다린다. 이 이야기는 단순한 일화가 아니다. 변화된 현실을 제대로 인식하지 못하고 그 옛날 평화롭던 요순 시대가 다시 돌아오기를 주장하는 유가의 어리석음을 풍자하고 있다. 한비자는 인구가 급속히 늘어나고 도시가 나타나며 한정된 재화로 다툼이 생기는 변화된 현실을 직시했다. 그는 세상이 변하면 나라를 다스리는 방법도 달라져야 한다고 생각했다. 그가 내놓은 해답은 바로 '법(法)'이었다.

> 항상 강한 나라도 없고 항상 약한 나라도 없다. 법을 받드는 자가 강하면 나라가 강해지고 법을 받드는 자가 약하면 나라는 약해진다.
>
> _〈유도〉

한비자는 강력한 법에 의한 통치, 즉 법치주의를 주장한다. 그래서 한비자의 사상을 '법가'라고 한다. 한비자는 국가가 부강해지기 위한 가장 효율적인 방법은 군주의 강력한 통치력에 있다고 보았다. 통치자가 강력한 권력을 유지하려면 이 3가지가 있어야 한다. 《한비자》를 이해하는 핵심 키워드는 바로 '법, 술, 세'다. 《한비자》가 법가 사상을 집대성한 고전이라 평가받는 이유는 서로 따로 떨어져 이야기되던 이 3가지 개념을 하나의 삼각형처럼 연결하여 설명하고 있기 때문이다. 이 개념들은 서로 균형을 이루면서도 상호 보완적이고 하나로 모여 군주의 절대 권력과 강한 나라를 만든다.

첫 번째 꼭짓점은 법(法)이다. 한비자가 살았던 기원전 3세기의 법의식은 오늘날과 달랐다. 권세에 의해 법과 제도는 마음대로 해석되고 적용되었으며 그마저도 귀족에게는 적용되지 않았다. 한비자는 이런 자의성을 제한하고 법을 문서화하여 백성들에게 명백히 공포해야 한다고 주장했다. 국가는 군주 개인의 감정과 편견에 의해 좌지우지되는 것이 아니라 제도와 법에 따라 통치될 때 강한 나라가 될 수 있다고 주장했다.

한비자는 어린 시절 순자로부터 학문을 배웠다. 순자의 성악설에 많은 영향을 받은 한비자의 사상은 철저히 '인간은 이기적이다'라는 명제에서 출발한다. 환자의 상처를 입으로 빨아내는 의사는 어진 마음을 가져서가 아니라 자신의 이익을 위해서다. 수레 만드는 자는 사람들이 부귀해지기를 바라고, 관을 짜는 사람은 사람들이 죽기를 바란다. 이것은 그들이 착하고 나빠서가 아니라 그들의 이익과 관련된 문제이기 때문이다. '이익에 대한 기대'와 '처벌에 대한 두려움'만이 곧 인간을 움직이게 하는 동기가 된다고 보았다. 그래서 이런 인간의 마음을 잘 이용하여 공적이 있는 자에게는 상을 주고 죄를 지은 자에게는 벌을 주는 '신상필벌'의 원칙을 제시했다.

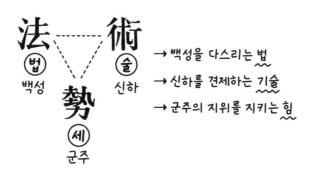

《한비자》를 이해하는 핵심 키워드는 바로 '법, 술, 세'다.

법이 수많은 백성을 효율적으로 다스리기 위한 일종의 시스템이라면, 두 번째 꼭짓점 술(術)은 신하와 관련된 기술이다. 여기서 술은 술책, 술수의 의미로 군주가 신하를 제어하는 방법이다.

군주와 신하의 이해는 상반되어 신하의 이익이 늘어날수록 군주의 이익은 줄어들기 때문에 군주는 신하를 항상 경계해야 한다. 분명하게 밝혀 겉으로 내보이는 법과 달리 술은 가슴속에 은밀하게 감추고 모르는 사이에 신하들을 지배하는 방식이다. 여러 신하의 말을 참조하고 관찰하는 '참관', 모르는 척 묻는 '협지', 하나하나 듣는 '일청' 등 7술이라 불리는 방법 이외에도 《한비자》의 반 이상이 술의 종류나 방법 등을 설명하는 내용으로 이루어져 있다. 그래서 《한비자》를 권모술수의 학문, 제왕학의 교과서라 부른다.

마지막 꼭짓점은 세(勢)다. 왕의 지위, 위세를 말한다. 세는 왕이 법과 술을 행사할 수 있는 바탕이며 법과 술을 제대로 활용해야만 왕은 지위를 지킬 수 있다. 한비자는 태평성대를 만들었다는 요임금도 그가 일개 필부였다면 세 사람도 다스리지 못했을 것이라고 이야기한다. 왕이 가지는 힘은 왕의 개인적인 능력이나 도덕성에서 나오는 것이 아니라 왕이라는 지위에서 나온다고 보았기 때문이다. 만약 권세를 신하에게 빌려준다면 이것은 마치 호랑이가 자신의 이빨과 발톱을 개에게 내주는 셈이니 호랑이는 결국 개에게 굴복당하게 될 것이라 경고한다.

◆

법가 사상이
단명할 수밖에 없었던 이유

《한비자》에 담긴 법가 사상은 약 530년간 이어지던 춘추 전국 시대의 시대적 과제를 가장 효과적으로 해결하고 천하를 통일하는 데 결정적으로 기여한다. 하지만 법가 사상을 기반으로 세워진 통일 진나라는 15년 만에 역사 속으로 자취를 감춘다. 이것이 바로《한비자》에 담긴 명과 암이다. 빛나는 업적과 그 가치도 분명하지만, 단명할 수밖에 없었던 치명적인 한계를 가지고 있다. 진나라가 15년 만에 멸망하고 이후 천하를 차지한 한나라 유방에게 한 신하는 이렇게 말했다.

"말 위에서 천하를 얻을 수는 있지만, 말 위에서 천하를 다스릴 수는 없습니다."

법가 사상은 난세를 극복하는 데 성공했지만, 치세에는 적합하지 않았다. 한비자가 주장한 법치주의는 백성들로 하여금 법을 어기지 못하게 할 수는 있어도 스스로 잘못을 깨닫고 법을 지키도록 하지는 못했다. 가혹한 형벌과 서로를 감시하고 신고하는 연좌제 등으로 단기간에 백성들을 통제할 수 있겠지만 그 질서는 껍데기일 뿐이며 오래가지 못한다. 겉으로 따르는 척만 할 뿐이다.《사기》에서는 "한비자는 결과적으로 인간의 따뜻한 아름다움을 없앴다"고 평가한다.

하지만《한비자》에 나타난 냉철한 현실 인식과 변화에 대응하는 실용적인 내용은 다른 사상과 구별되는 뛰어난 점이다. 특히 사람에 의한 통치가 아니라 법과 시스템에 의한 통치를 주장하고 그 기틀을 세웠다는 데 큰 의의가 있다. 혈연 중심의 봉건 제도가 중앙 집권적

관료제로 발전하는 데 중요한 다리 역할을 했다고 볼 수 있다.

이후 많은 동아시아의 통치자들은 안으로는 《한비자》를 읽으며 제도와 규제의 뼈대를 세우고 겉으로는 《논어》를 읽으며 유가의 도덕 규범을 이용하여 국가를 경영했다.

함께 읽으면 좋은 책

- 《한비자, 이게 법치다》 이성주, 생각비행, 2019
- 《동양고전의 바다에 빠져라》 최진기, 스마트북스, 2013
- 《한비자》 마현준 옮김, 풀빛, 2010

3장

변치 않는
처세의 기술을
알려주는
고전

11

문왕
《주역》
기원전 8세기

과거, 현재, 미래를 관통하는
변화의 흐름을 살피다

주나라 문왕(周文王, 기원전 1152~1056)

《주역》은 64괘를 중심으로 철학, 점술, 정치, 과학 등 여러 사상을 담고 있는 고대 문헌이다. 전설상의 인물인 복희씨가 만들었다는 8괘를 바탕으로 64괘를 체계화한 주나라 문왕이 《주역》의 원형을 만들었다고 여겨진다. 문왕은 뛰어난 자질과 덕망으로 중국 고대 주나라의 기틀을 다졌으며 중국 역사에서 현명한 통치자 중 한 명으로 존경받는다.

우리나라 국기인 태극기는 태극 문양과 건곤감리 4괘로 이루어졌다. 우리가 수도 없이 보았던 태극기에 바로 《주역》이 들어 있다. 태극과 4괘가 《주역》을 이해하는 기본 개념들이다. 《주역》은 심오한 사상서처럼 느껴지지만 사실 우리와 매우 가까이 있었다. 《주역》은 점술서다. 점을 치기 위해 만들어진 책이다. 지금은 승진, 입시, 사업 등 개인적 욕심으로 점을 보지만 고대에는 점을 보는 행위 자체가 백성의 생사가 달린 중대한 국가적 행사였다. 언제 비가 올지, 언제 씨를 뿌려야 할지 자연의 운행을 잘 관찰하고 백성들에게 적절한 때를 알려주는 것이 왕의 큰 역할이었다.

　이런 중요한 결정을 내릴 때 점술가들의 도움을 받았고, 점을 친 내용을 기록으로 남겼다. 이런 기록들은 점괘를 분류하고 정리한 일종의 데이터베이스였다. 계속 누적해 다음 점을 칠 때 참고하였다. 중국 고대 하나라, 은나라 모두 점친 기록들이 있다고 전해지지만, 지금까지 남아 있는 것은 바로 주나라의 기록뿐이다. 이를 주나라의 역, 《주역》이라고 부른다.

　고대 사회에서 점을 치는 방법은 복(卜)과 서(筮)였다. 복(卜)은 거북의 배딱지나 동물의 뼈에 뜨겁게 달군 쇠막대기를 꽂아 갈라진 모습을 보고 치는 점이었다. 그래서 점(占)이라는 한자 자체가 '갈라진 모습(卜)을 보고 이야기(口)한다'는 의미다. 서(筮)는 풀의 줄기나 대나무로 만든 막대기에 기호나 글을 써서 점을 치는 방법이다.《주역》은 주로 서(筮)의 방식으로 괘를 뽑아 거기에 적힌 텍스트를 기반으로 길흉을 점친다. 그러나 여기서 '길흉을 점친다'는 것은 오늘날처럼 점쟁이가 정해진 미래의 일을 미리 알아내 알려준다는 의미가 아니다.

《주역》이라는 책 제목에 점(占)이 아니라 역(易)이 들어간 이유는 앞서 언급한 대로 점에 대한 관점이 현대와는 다르기 때문이다. 역(易)은 '바뀐다' '변한다'는 의미다. 원래 몸 색깔이 수시로 변하는 도마뱀과 같은 동물을 본뜬 글자다. 즉,《주역》은 끊임없이 변하는 자연의 법칙과 세상 만물의 운행 원리를 담고 있다. 정해진 답을 주는 것이 아니라 변화하는 원리와 법칙을 제시할 뿐이다. 이것을 과거와 현재의 삶에 적용하고 해석해, 앞으로 취해야 할 태도와 방법을 찾는 것이《주역》이 우리에게 알려주고자 하는 주된 내용이다.

◆ ## 자연의 이치가 곧
삶의 윤리와 연결된다

《주역》은 기원전 8세기 무렵 그 원형이 만들어진 것으로 추정되며, 본 텍스트인 〈역경〉과 해설서에 해당하는 〈역전〉으로 구성되어 있다. 〈역경〉 부분을 누가 지었느냐에 대해서는 정확히 알 수 없지만 세 인물에 의해 형성된 것으로 알려져 있다. 먼저 중국 고대 신화 속 인물인 복희씨가 천지가 창조되고 만물이 생성된 원리를 살펴보고 8개의 기호 형태인 '8괘'를 만들었다. 이를 주나라 문왕이 8괘를 두 번씩 겹쳐 '64괘'를 만들었고 각 괘를 설명하는 '괘사'를 달았다. 다시 이것을 문왕의 아들인 주공이 각 괘를 이루는 6개의 효를 설명하는 '효사'를 달아 〈역경〉을 완성했다고 전한다.

> 역에는 태극이 있고 태극은 양의(兩議)를 낳는다. 양의는 사상(四象)
> 을 낳고 사상은 8괘를 낳는다.
>
> _〈계사전〉

《주역》에서는 아무것도 없던 무의 상태에서 만물을 생성하는 기의 움직임이 생겨났다고 본다. 이를 '태극'이라고 한다. 이 태극은 다시 양과 음으로 나누어지는데 이것이 '양의'다. 양은 ━, 음은 －－으로 나타낸다. 이 기호를 두 개씩 겹쳐 4가지 기호로 나타낸 것이 '사상'이다. 양에 양이 더해져 태양(⚌), 음에 음이 더해져 태음(⚏), 양에 음이 더해져 소음(⚎), 음에 양이 더해져 소양(⚍)이 된다. 한의학에서 많이 들어본 사상 체질도 여기서 나왔다. 여기에 다시 양 혹은 음을 더해 3획으로 쌓아 나타낸 것이 8괘다. 8괘에 대한 이해가 《주역》을 읽기 위한 출발점이다.

괘란 '걸다'라는 의미로 액자를 걸어두듯이 현상을 기호화하여 보여준다는 의미다. 8괘는 태극기에서 볼 수 있는 건(☰), 곤(☷), 감(☵), 리(☲) 이외에 태(☱), 진(☳), 손(☴), 간(☶)이 있다. 각각은 다시 자연 현상인 하늘, 땅, 물, 불, 연못, 우레, 바람, 산을 상징한다. 그리고 이는 인간의 속성을 나타내는 것으로 연결된다. 예를 들면 건(☰)은 양으로만 이루어진 괘로 하늘을 상징하며 '군세다'라는 의미를 나타낸다. 곤(☷)은 음으로만 이루어진 괘로 땅을 상징하며 '부드럽다'라는 의미를 나타낸다. 진(☳)은 우레를 상징하며 '움직임'을 나타낸다.

이 8가지가 우주 만물을 구성하는 기본 요소가 된다. 8괘가 3획

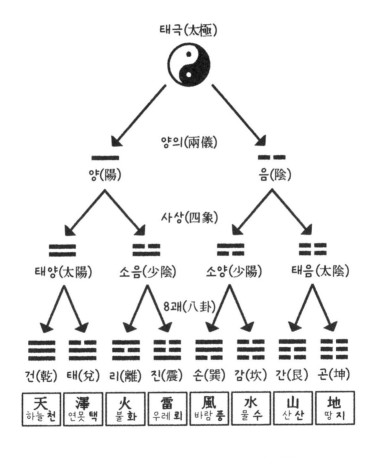

《주역》의 핵심 내용인 태극양의사상을 나타내는 개념도

으로 포개어진 것은 하늘과 땅 그리고 그 사이에서 살아가는 인간을 뜻한다. 또한 8괘가 자연 현상과 인간의 삶의 모습을 함께 나타내는 것은 자연계의 법칙이 곧 인간계의 질서와 다르지 않다는 《주역》의 독특한 세계관을 보여준다. 우주 자연의 이치가 곧 삶의 윤리와 연결된다는 《주역》은 '자연 과학서'이자 '철학서' 그리고 '생활 윤리서'의 성격을 동시에 가지고 있다.

이 8괘를 다시 중첩해 만든 것이 64괘, 64개의 기호다. 이 기호의 이름을 '괘명', 괘에 대한 설명을 '괘사'라고 한다. 3획에 3획을 더했으니 총 6획으로, 이 각각의 획을 효(爻)라고 부른다. 이 효 하나하나에 대한 설명을 '효사'라고 한다. 64괘에 각각 6개의 효가 있으니 384효이다. 여기에 건괘와 곤괘는 효사가 하나씩 더 있어 총 386효이다. 64괘와 괘사, 386효사가 바로 《주역》의 본 텍스트인 〈역경〉에 해당한다.

하지만 괘사와 효사는 매우 함축적이고 상징적인 문장으로 읽어도 그 의미를 알아내기가 매우 어렵다. 일종의 암호처럼 해독이 필요하다. 64괘 중 가장 첫 번째인 양효로만 이루어진 중천 건(☰)의 괘사는 '원형리정(元亨利貞)' 단 4글자로만 되어 있다. 풀이해보면 '만물을 시작하게 하는 근원이고 형통하게 하고 이롭게 하며 올바르게 한다'라는 뜻이다. 이렇게 다소 추상적인 내용들에 날개를 달아줄 해설서가 있다. 열 개의 날개라는 뜻으로 《십익(十翼)》이라고도 하는데 《주역》의 〈역전〉 부분에 해당한다. 10편의 전(傳)으로 괘사와 효사의 의미와 원리를 더욱 자세하게 설명한 글이다. 《십익(十翼)》의 저자 또한 여러 설이 있으나 공자가 지었다는 의견이 지배적이다. 10편 중 〈계사전〉이 《주역》의 철학 사상을 핵심적으로 담고 있어 가장 유명하다.

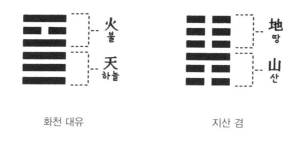

화천 대유   지산 겸

화천 대유: 불이 하늘 위에 있는 것이 '대유'이니, 군자가 보고서 악을 막고 선을 드날려 하늘의 아름다운 명을 따르리라.

지산 겸: 땅속에 산이 있는 것이 '겸'이니, 군자가 이를 본받아 많은 것을 덜어서 적은 것을 돕고 만물을 헤아려서 고르게 베풀어라.

_〈상전〉

64괘 중 14번째 '화천 대유' 괘와 15번째 '지산 겸' 괘에 대한 설명이다. 앞에 화천, 지산은 괘의 모양이다. 화천(火天)은 하늘이 아래, 불이 위에 있다. 지산(地山)은 산이 아래, 땅이 위에 있다. 대유와 겸은 각 괘의 이름으로 '모든 것을 가지고 있다' '겸손'이라는 의미를 가진다. 하늘 위에 불이 있는 모습을 상상해보자. 높은 곳에서 활활 타오르는 태양이 떠오른다. 태양은 만물을 비추고 에너지를 제공한다. 큰 성취를 뜻하기도 한다. 그리고 바로 다음에 나오는 지산 겸 괘는 정반대의 이미지다. 땅 아래 산이 숨어 있는 모습이다. 웅대한 힘을 드러내기보다 감추고 있다. 겸손이라는 괘의 이름과 딱 들어맞는다.

두 괘만을 예로 들었지만《주역》에는 절대적인 길함도 흉함도 없다. 모든 것은 돌고 돌며 계속해서 변화한다. 극에 달하면 다시 처음으로 돌아가 순환한다. 달이 가득 차면 반드시 이지러지고 더위가 가면 추위가 온다. 그림자가 있는 반대편에는 반드시 빛이 있고 빛이 있는 반대편에는 반드시 그림자가 있다. 양과 음, 밝음과 어둠, 더위와 추위, 행복과 불행 등은 얼핏 반대되는 개념처럼 보이지만 2개 중 하나가 없으면 다른 하나도 없다.

◆ 아인슈타인도 주목한 동양 사상의 근원이자 정수

"대립적인 것은 상보적이다."

양자역학의 아버지로 불리는 덴마크 물리학자 닐스 보어의 말이다. 《주역》이 담고 있는 철학과 일맥상통한다. 이것은 우연이 아니다. 실제로 닐스 보어는 《주역》의 원리와 사상에 영향을 받아 자신의 과학 이론을 정립했다. 가문의 문양에 태극을 넣고 노벨상 시상식에서 8괘가 그려진 옷을 입은 일화는 닐스 보어가 얼마나 《주역》에 심취해 있었는가를 잘 보여준다.

동양 사상의 근원이자 정점이라고 할 수 있는 《주역》은 서양 과학에도 많은 영향을 끼쳤다. 17세기 초 중국에 와 있던 선교사들을 통해 중국 고대 문헌들이 유럽에 전해졌는데, 이때 《주역》도 서양 사회에 소개되었다. 특히 독일의 수학자 라이프니츠는 《주역》의 64괘와 이진법 사이의 유사성에 주목했다. 라이프니츠의 이런 연구는

《주역》이 서양 과학자들에게 크게 주목받는 계기가 되었다. 아인슈 타인은《주역》을 "에센스 중의 에센스"라고 평가했고, 심리학자 카를 융도 자신의 이론에《주역》의 8괘를 활용했다.

공자는《주역》을 묶은 가죽 끈이 3번이나 떨어질 정도로 열심히 읽었다는 위편삼절(韋編三絶)의 고사를 남겼다. 그는 자신의 수명이 다하여《주역》 연구를 더 하지 못함을 아쉬워했다. 이순신 장군은 전장에 나설 때마다《주역》을 펼쳤다고 하며 다산 정약용도《주역》의 해설서인《주역사전》을 따로 저술할 만큼 큰 애정을 가졌다. 지금도 《주역》과 관련된 책들이 끊임없이 출간되고 현대인들의 관심을 받고 있다.

《주역》의 영어판 제목은《The Book of Changes》다. 말 그대로 '변화의 책'이다.《주역》은 미래를 점치는 신비한 책이 아니라 과거, 현재, 미래를 관통하는 변화의 흐름을 살피는 책이다.

함께 읽으면 좋은 책

- 《내 인생의 주역》 김주란 외, 북드라망, 2020
- 《오십에 읽는 주역》 강기진, 유노북스, 2023
- 《복희씨가 들려주는 주역 이야기》 최영진, 자음과모음, 2006

12

손무
《손자병법》
기원전 5세기

나와 적을 알고 원칙과 변칙으로
온전히 승리하는 법

손무(孫武, 기원전 545~470 추정)

중국 춘추 시대 말에 활동한 군사 전략가. 존칭의 의미인 자(子)를 붙여 손자로 더 잘 알려져 있다. 병법에 능한 장수 집안에서 태어난 것으로 알려져 있으며 원래 제나라 사람이었지만 오자서의 천거로 오나라 왕 합려를 만나 오나라의 장군이 되었다. 뛰어난 전략과 병법으로 여러 전투를 승리로 이끌며 약소국이던 오나라를 강대국으로 만드는 데 크게 공헌했다.

"내가 만약 20년 전에 이 책을 읽었더라면 그렇게 무참하게 패하지는 않았을 텐데…."

제1차 세계대전의 패배로 강제 퇴위당했던 독일 황제 빌헬름 2세는 이 책을 읽지 못한 것을 한탄했다. 나폴레옹은 전쟁 중에도 이 책을 항상 휴대하고 다녔으며 중국 혁명가 마오쩌둥도 이 책을 늘 머리맡에 두었다고 한다. 이 책은 바로 《손자병법》이다. 과거 국가 지도자뿐 아니라 현재 세계 경제를 이끄는 글로벌 리더들도 애독하는 책이다. 마이크로소프트의 빌 게이츠, 페이스북의 마크 저커버그도 《손자병법》을 여러 번 읽으며 기업 경영의 지침서로 삼았다.

《손자병법》은 제목 그대로 손자가 쓴 병법서다. 병법(兵法)이란 군사를 지휘하여 전쟁하는 방법이다. 손자는 손무를 가리킨다. 손무는 《사기》를 저술한 사마천에 의해 손자라는 존칭을 얻게 되었다. 사마천은 손무를 병법의 대가, 큰 스승의 반열에 올려놓았다.

손자는 기원전 5세기경 춘추 시대 말에 활동했다. 언제 태어나고 죽었는지 정확한 기록이 없지만 공자와 동시대 인물일 것으로 추측한다. 그에 관한 기록이 《사기》의 〈손자오기 열전〉에 실려 있다. 손무는 제나라 사람이었지만 내란이 일어나자, 고향을 떠났다. 방황하는 중에 우연히 만난 오자서를 통해 오나라 왕 합려에게 천거되었다. 이 때 오나라 왕 합려에게 바친 13편의 글이《손자병법》이다. 손자는 장수 집안 출신으로 제나라를 떠나 방황할 때 10여 년간 은둔하며 자신의 경험과 병서들을 종합하여 책을 집필한 것으로 전해진다.

춘추 시대는 주나라가 천자국의 지위를 잃고 여러 제후국이 천하의 패권을 다투던 시대다. 매일 일어나는 전쟁의 소용돌이 속에 어제의 동맹국이 오늘의 적국이 되는 상황이었다. 이런 시대 상황에서 덕으로 나라를 다스리자는 공자의 덕치주의나 인위적인 행위 없이 자연스럽게 두어야 한다는 노자의 무위 사상은 군주들의 선택을 받지 못했다. 군주들의 관심은 오직 전쟁에서 이기기 위한 전략과 전술에 있었다.《손자병법》은 전쟁 전략과 전술의 교과서와 같았다.

손자는 장군이 된 지 7년 만에 남쪽의 작은 나라에 불과했던 오나라를 강대국으로 만들어놓았다. 손자와 함께 그의 능력을 담은《손자병법》의 위상은 날로 높아졌다.《한비자》에는 "집집마다 손자와 오기의 병법 책을 가지고 있었다"고 기록되어 있을 만큼 춘추 시대를 지나 전국 시대에는 이미 널리 퍼져 필독서로 자리 잡고 있었다. 이후 수많은 학자들이《손자병법》에 해설과 주석을 달았다. 그중 가장 오래되고 뛰어난 주석을 남긴 사람은 위나라 황제 조조다. 그는 전쟁터에서도 항상《손자병법》을 가까이했다고 한다. 조조는 직접《손자병법》의 복잡한 문장을 간결하게 정리하고 주석을 달았는데 지금도 이 판본을 중심으로 널리 읽히고 있다.

이기기보다 살아남아
다음 싸움을 준비하라

과거부터 현재까지 내로라하는 인물들이 그토록 열광했던 책이라니 《손자병법》이 과연 어떤 내용일까 궁금해진다. 《손자병법》은 의외로 짧다. 6,100여 자에 불과하다. 많은 내용이 함축적, 집약적으로 담겨 있다. 그래서 읽기 어렵고 난해하다. 처음 읽을 때는 해설이 필요하다. 하지만 이런 함축성 때문에 전쟁뿐 아니라 삶의 다양한 영역에 적용될 수 있었다. 《손자병법》은 어떤 사람이 어떤 위치에서 언제 읽느냐에 따라 다르게 읽힌다. 매우 짧지만, 깊은 통찰을 얻을 수 있는데, 그 덕분에 2,500여 년 동안 명성을 유지할 수 있었다.

《손자병법》은 총 13편으로 이루어졌다. 이를 다시 세 부분으로 나누어볼 수 있다. 1, 2, 3편 〈계〉〈작전〉〈모공〉이 이론 편이라면, 4편 〈형〉부터 11편 〈구지〉는 실전 편, 12편 〈화공〉과 13편 〈용간〉은 특별 편이다.

손자는 처음 세 편에 자신의 전쟁 철학을 담았다. 1편 〈계〉는 계획과 계산의 계(計)다. 판본에 따라 시작을 뜻하는 시(始) 자를 넣어 〈시계〉라고도 한다. 1편은 전쟁을 시작할지 말지 결정하는 단계다. 전쟁 전에 계산하고 고려해야 할 사항들에 관해 이야기한다.

전쟁이란 나라의 중대한 일이다. 백성들의 삶과 죽음, 나라의 보존과 멸망이 달려 있으니 살피지 않을 수 없다.

_〈계〉

《손자병법》의 첫 번째 문장으로 손자가 전쟁을 바라보는 관점을 알 수 있다. 손자를 흔히 전쟁을 좋아하는 호전적인 인물로 생각하기 쉽지만, 그는 전쟁 앞에 매우 신중했다. 전쟁이 백성과 나라에 미치는 영향이 절대적이기 때문에 전쟁은 목표가 아니라 최후의 수단임을 주장했다. 특히 군주나 장수가 분노에 의해 감정적으로 전쟁을 일으키는 것을 매우 경계했다.《손자병법》에서의 전쟁은 '피할 수 없는 전쟁'을 전제로 하고 있다. 만약 전쟁에서 승리하더라도 엄청난 인적, 물적 자원이 사용되었다면 그것은 패배한 것과 다름없다.

손자는 싸우지 않고 이기는 것, 싸우더라도 온전하게 이기는 것을 중시했다. 그래서 2편 〈작전〉에서는 장기전이 아닌 '속전속결'을, 3편 〈모공〉에서는 '모략으로 공격하는 것'을 강조했다. 손자는 적을 공격하는 법으로 4단계 '벌모, 벌교, 벌병, 공성'을 제시했다. 모략으로 공격하는 '벌모'를 가장 상책으로 보았다. '벌병'이란 군대를 일으키는 것이고 '공성'은 성을 공격하는 것을 의미한다. 공성이란 결국 나라의 온 군대를 동원하여 적국과 총력전을 벌이는 것이다. 손자는 희생만 크고 성과는 없는 '공성'을 가장 하책으로 보았다.

모략이란 꾀, 계책을 말한다. 일종의 속임수다. 손자는 한마디로 말했다.

"전쟁은 궤도(詭道)다."

궤(詭)란 '속인다'는 뜻이다. 손자가 말하는 속임수는 '정보의 비대칭'이다. 나의 정보는 되도록 감추고 상대방의 정보는 최대한 많이 알고 있어야 한다는 의미다. 손자는 지(知), '아는 것'을 특히 중요하게 여겼다.《손자병법》에는 그 유명한 문장이 등장한다.

지피지기(知彼知己), 백전불태(白戰不殆)

적을 알고 나를 알면 백번 싸워도 위태롭지 않다.

_〈모공〉

원문은 사람들이 흔히 알고 있는 '백전백승'이 아니라 '백전불태'
다. 손자는 백번 싸워 백번 이기는 것보다 위태롭지 않게 살아남아 다
음 싸움을 준비하는 것이 더 중요하다고 생각했다. 백번 이겨도 아군
에게도 엄청난 손해가 있다면 위태롭기 때문이다.

선승이후구전(先勝而後求戰)

먼저 이겨놓고 싸운다.

_〈형〉

손자의 이 말도 이런 정확한 정보를 바탕으로 하고 있다. 그래서
손자는 12편에 간첩 활용법이라는 〈용간〉 편을 따로 두었을 정도로
전쟁은 곧 정보 싸움이라는 것을 강조하고 있다. 보이는 전력보다 보
이지 않는 전력이 중요하기 때문이다.

신중한 전쟁과 정확한 정보를 중시한 손자의 태도는 전장에서 활
용하는 전략에도 나타난다. 손자의 주요 전략은 '정합기승(正合奇勝)'
이다. '정공으로 맞서고 기습으로 승리한다'는 뜻이다. 정(正)이 정공
법, 원칙이라면 기(奇)는 기습, 변칙이다. 실제 전쟁에서는 적의 요충
지만을 원칙대로 공격하는 것보다 허를 찌르는 변칙도 중요하다는 것
이다. 손자는 이를 음악과 물에 비유했다. 소리에는 5가지 음계만 있

지만 5가지 음계로 만들 수 있는 음악은 무궁무진하다. 군사를 부리는 것도 적에 따라 그 모습과 전략을 바꾸어야 한다. 마치 물에는 일정한 형태가 없지만 담기는 그릇에 따라 모양이 달라지는 것처럼 말이다.

나와 적을 알고, 원칙과 변칙을 잘 활용하는 전략으로 온전한 승리를 거두는 것. 이것이 《손자병법》에 담긴 손자의 비법이다.

◆ 반드시 이기되
손실을 최소화하라

송양지인(宋襄之仁)이라는 성어가 있다. 송나라 양공의 어짊이라는 뜻이다. 춘추 시대 송나라는 초나라와의 전쟁을 앞두고 있었다. 송나라는 먼저 진을 치고 만반의 준비를 하고 있었지만 초나라는 그제야 강을 건너고 있었다. 양공의 부하는 즉시 초나라를 칠 것을 주장했다. 그러자 송나라의 제후였던 양공은 상대가 미처 준비를 하기도 전에 공격하는 것은 예법에 어긋난다며 거절하였다. 결과는 어떻게 되었을까? 병력이 약한 송나라는 초나라에 대패했고 양공도 목숨을 잃고 말았다. 송양지인이란 실질적으로 아무런 이득이 없고 대의명분만을 내세우는 어리석음을 비유할 때 쓰인다.

손자가 가장 비판하는 일이 바로 '송양지인'과 같은 경우다. 손자가 《손자병법》을 통틀어 강조한 것은 전(戰)보다 승(勝)이었고, 승(勝)보다 리(利)였다. 전쟁은 되도록 피하되 불가피한 경우라면 반드시 이겨야 하며 이기더라도 경제적 손실을 최소화해야 한다. 《손자병법》에서 말하는 필승 전략인 속임수 궤(詭)와 변칙 기(奇)는 유교를 숭상했던 조선 시대에는 쉽게 입에 올릴 수 없는 것들이었다. 그래서 상대적으로 조선의 유학자들에게《손자병법》은 덜 중요시되었다.

《손자병법》은 중국의 7대 병법서인 '무경칠서' 중에서도 가장 첫 번째로 손꼽히며 중국과 우리나라 등 동아시아 국가의 무과 시험 주요 과목이었다. 7세기에 이미 일본에 전해졌고 18세기 이후에는 프랑스어로 번역되어 유럽에 소개되었다. 1910년에는 라이오넬 자일스에 의해 영어 번역이 완성되었고《The Art of War》라는 제목으로 출간되었다. 이 책이 큰 인기를 끌면서 미국 육군사관학교 등의 수업 자료로 활용되며 영화 〈월스트리트〉〈007시리즈〉 등에 언급되었다.

과거와 현재, 동양과 서양에서 활발하게 읽히며 시간과 공간을 초월한《손자병법》은 더 이상 군주와 장군만이 읽는 병법서가 아니다. 이제《손자병법》은 스포츠, 심리학, 인간관계, 자기 계발, 경제 경영 등 다양한 분야에서 활용된다.《손자병법》은 전쟁에 관해 이야기하지만 결국 진정한 병법은 싸우지 않는 것이라는 삶의 본질을 알려주는 고전이다.

함께 읽으면 좋은 책

- 《손자병법》 김원중 옮김, 휴머니스트, 2019
- 《손자병법》 유동환 옮김, 홍익출판사, 2022
- 《두 번 읽는 손자병법》 노병천, 세종서적, 2019

13

홍자성
《채근담》
1610

삶의 교훈을 압축적으로 담아낸
자기 계발 고전

홍자성(洪自誠, 16세기 추정)

중국 명나라 만력제 때 활동한 문인. 이름은 홍응명(洪應明)이나 한국과 일본에서는 자성 (自誠)이란 자(字)로 더욱 유명하다. 호는 환초도인(還初道人)이다. 생애에 대한 정확한 기록은 없으나 유교, 도교, 불교 등 다양한 사상에 관심이 많았으며 젊었을 때는 관직 생활을 하였지만 만년에는 산림에 은둔해 살았을 것으로 추정한다.

※ 주요 저서: 《선불기종》

《채근담》은 나물 채(菜), 뿌리 근(根), 이야기 담(譚)으로 '나물 뿌리 이야기'라는 독특한 제목을 가진 책이다. 나물 뿌리는 보통 버려지거나 요리를 해도 쓸쓸한 맛이 난다. 귀중한 것, 화려한 것과는 거리가 멀다. '채근'이란 원래 《소학》에 나오는 말이다. 송나라 학자 왕신민이 "사람이 나물 뿌리를 씹어 먹을 수 있다면 어떤 일이라도 할 수 있다"라고 한 데서 유래했다. 제목 자체에 책의 내용과 저자의 생애를 엿볼 수 있는 힌트가 담겨 있다.

《채근담》은 1610년 전후에 명나라 만력제 때 홍자성이 편찬한 책이다. 홍자성이라는 인물에 대해서는 별로 알려진 바가 없다. 그는 환초도인이라는 독특한 호로 활동했으며 불교와 도교의 이야기를 수록한 《선불기종》이란 책을 남겼다. 친구들이 써준 여러 책의 서문을 통해 그가 젊었을 때는 벼슬 생활에 나아가 명예를 탐했으나 만년에는 산림에 은둔한 삶을 살았을 것으로 추측할 수 있다. 최근에는 그가 부유한 휘주 상인 가문의 출신으로 성공과 실패, 세상의 풍파와 험난한 역경을 두루 거친 인물이었다는 사실이 새롭게 밝혀지기도 했다.

나물 뿌리 하면 먼저 떠오르는 이미지는 빈곤이나 곤궁이시만 씹을수록 느껴지는 쓸쓸함 뒤의 '담백한 맛'도 빼놓을 수 없다. 그래서 《채근담》에는 모진 고난과 경험을 쌓은 후에야 비로소 이해할 수 있는 깊은 지혜의 내용들이 많다. 중국 명나라 시대에 격언을 담은 서책들이 많이 만들어졌는데 이를 '청언'이라고 한다. 청언(淸言)이란 인생의 교훈과 진리를 간결하고 압축된 형식으로 나타내는 짧은 글을 뜻한다. 서양에서 흔히 '아포리즘'으로 불리는 개념과 비슷하다. 《채근담》은 동양의 대표적인 아포리즘이다. 《명심보감》이 여러 고전에서 뽑은 명언들을 모아놓은 책이라면, 《채근담》은 홍자성의 인생의 경험이 녹아든 잠언집이다. 《명심보감》이 남녀노소 누구나 읽을 수 있는 인성 교육용 교재에 가깝다면, 《채근담》은 인생을 좀 살아본 중년을 위한 에세이에 가깝다.

실제로 말년에 가난했던 홍자성은 나물 뿌리를 소금에 절인 반찬과 죽으로 친구들을 대접했다고 한다. 《채근담》의 서문을 써준 친구 우공명은 "나물 뿌리의 향기를 닮은 그의 품성이 고스란히 책에 담겨 있다"고 했다.

나물 뿌리를 씹어본 사람만이 들려줄 수 있는 인생의 교훈은 과연 무엇일까?

◆　　　　　　　　　　**고난과 역경의 세상에서
나를 지키며 나아가는 법**

《채근담》의 판본은 크게 2가지로 나뉜다. 하나는 명나라 만력제 때 간행된 초간본이고 다른 하나는 청나라 건륭제 때 간행된 청간본이다. 초간본과 청간본은 구절 수와 순서에 약간의 차이가 있다. 초간본은 359구절이 전집과 후집으로만 나누어져 쭉 나열되어 있고, 청간본은 수성, 응수, 평의, 한적, 개론 총 5편으로 구성되어 있다. 초간본은 저자가 직접 간행한 것으로 보이지만, 청간본은 읽기 쉽도록 후대의 누군가가 편집한 것으로 추측한다.

《채근담》은 흔히 수신과 처세의 고전이라고 불린다. '수신'과 '처세'는 익숙한 단어지만 어딘가 어렵게 느껴진다. '수신'은 나와 세상의 관계에서 기준점이 되는 나, '주체'를 기르는 일이다. '처세'는 세상이다. 나와 세상 간의 끊임없는 작용과 반작용이다. 요즘으로 말하자면 수신은 '주체', 처세는 '관계'라고 할 수 있다. 즉,《채근담》은 나의 주체성을 지키면서 어떻게 세상과 관계해나갈 것인가에 대해 주로 이야기한다.

《채근담》에는 처세와 비슷한 의미로 섭세(涉世)라는 단어가 나온다. 섭세의 섭(涉)은 '건넌다'라는 뜻이다. 세상살이를 바다를 건너는 것에 비유한 표현이다. 우리가 바다를 건넌다고 상상해보자. 살랑살랑 불어오는 바람에 주변의 풍경을 만끽하며 행복감에 젖을 때도 있겠지만 갑자기 몰아치는 풍랑에 생사를 넘나드는 고통을 느낄 때도 있을 것이다. 그럴 때 우리는 어떤 마음가짐과 태도를 가져야 할까? 《채근담》은 딱 맞는 매뉴얼을 알려주진 않는다. 그저 '잘' 건너야 한다고 말한다. 때로는 부대끼며 맞서야 하고 때로는 한 발짝 물러나 살펴볼 수 있는 여유를 가져야 한다.

한 번의 괴로움과 한 번의 즐거움을 번갈아가며 단련해야 한다. 그렇게 단련하여 얻어진 행복만이 비로소 오래간다.

산에 오를 때는 험한 길을 견뎌내야 하고 눈길을 걸으려면 위태로운 다리를 견뎌내야 한다. 견딜 내(耐) 한 글자에는 무한한 의미가 있다.

이 문장처럼 《채근담》에서는 여러 차례 단련과 인내를 강조한다. 홍자성 자신의 절실한 체험에서 우러나온 듯 고난과 역경에도 참고 견디는 태도가 필요하다고 말한다. 《채근담》의 전집이 주로 막 시작하려는 사람들을 위한 충고라면, 후집은 은퇴한 뒤 욕심을 버리고 자연과 벗하는 초연함이 드러나 있다.

도덕을 지키는 사람은 한때 쓸쓸하지만, 권세에 아부하는 사람은 오랫동안 처량하다. 이치에 통달한 사람은 사물 밖의 사물을 살펴보고 죽은 뒤의 명예를 생각한다. 차라리 한때의 쓸쓸함을 견딜지언정 오랜 세월 동안 처량하고 불쌍할 일은 하지 말라.

《채근담》의 첫 번째 문장이다. 험난한 바다를 건너 이제 목적지에 다다른 자만이 해줄 수 있는 조언이다. 어떤 선택을 내려야 할지 고민인 사람에게 《채근담》의 저자 홍자성은 멀리 내다보라고 이야기한다. 권력에 빌붙기보다 소신을 지키는 것이 당장 외롭고 쓸쓸하겠지만 긴 안목으로 봤을 때 더욱 현명한 길임을 알려준다.
홍자성은 유학뿐 아니라 불교와 도교에도 전문적인 식견을 가지고 있었다. '도인'이 들어간 호를 썼고, 나이가 들어서는 선(禪)의 적막함에 깃들어 살았다고 전한다. 명나라 말기 수많은 청언집 중《채근담》이 유독 널리 알려졌던 것은 이런 사상적 풍부함과 젊은 시절 유학자로서 관직에 나가거나 상인으로서 겪었던 다양한 경험을 바탕으로 하고 있기 때문이다. 내용이 다채로울 뿐 아니라《채근담》의 문장들은 잘 세공된 조각품과 같다고 평가받는다. 구절마다 대구를 이루고 비유적 표현이 돋보여 한 편의 시처럼 느껴지는 문장들이 많다.

> 진하고 기름지고 맵고 단맛이 참맛이 아니다.
> 참맛은 담백할 뿐이다.
> 신비롭고 기이하고 탁월한 자가 지인(至人)이 아니다.
> 지인(至人)은 평범할 뿐이다.

《채근담》의 성격을 가장 잘 보여주는 구절이다. 맵고 단맛은 첫입에는 맛있을지 몰라도 자꾸 먹다 보면 금세 물린다. 거창하고 화려한 것에만 특별함이 있는 줄 알았는데 오히려 평범한 일상에 소소한 특별함이 있다.《채근담》은 평범하고 담백한 고전이다. 읽고 또 읽어도 질리지 않고 새로운 깨달음을 준다.

성공한 자에겐 경계를
실패한 자에겐 충고를

《채근담》은 18세기 청나라에 다녀온 사신을 통해 우리나라에 유입되었지만, 1917년 독립운동가이자 승려였던 한용운 시인이 직접 해설을 단《정선강의 채근담》이 출간되면서 대중적으로 더욱 알려졌다. 이후 청록파 시인 조지훈의 번역본을 비롯해 다양한 책이 출간되어 지금까지 꾸준히 관심을 받고 있다.

한용운 시인이 일제 강점기라는 어려운 시기에《채근담》에 주목하여 책까지 출간하게 된 것은 이 책이 가지는 강렬한 힘 때문이었을 것이다. 그는《정선강의 채근담》서문에서 "조선 정신계 수양의 길이 여기에 있다"고 말했다. "홍진이 가득한 속세에서도 떠도는 구름에 대한 취미를 잃지 말고, 권력과 복을 누리면서도 살얼음을 밟듯이 경계를 늦추지 말아야 한다"는 한용운 시인의 글은《채근담》이 전하고자 하는 메시지를 잘 요약하고 있다.

《채근담》은 특히 일본에서 열풍에 가까운 인기를 누렸다. 메이지 시대 상업의 발전으로 기업인들 사이에서 먼저 유명해졌고, 70~80년대 일본의 경제 번영과 맞물려 직장인의 처세술에 관한 필독서로 자리 잡게 되었다. 일본에서의 인기가 한국과 중국에까지 영향을 미친 경우다.

《채근담》은 우리가 살면서 마주하는 여러 가지 상황에 대한 태도와 마음가짐에 대해 말해준다. 성공한 사람에게는 경계를, 실패한 사람에게는 충고를, 부귀한 사람에게는 겸손을, 곤궁한 사람에게는 희망을 준다.《채근담》은 어떻게 인생의 바다를 건너야 할지 고민하는 사람들에게 나물 뿌리를 씹어본 자가 건네는 나침반과 같다.

함께 읽으면 좋은 책

- 《**채근담**》 안대회 옮김, 민음사, 2022
- 《**마흔에 읽는 한용운 채근담**》 용화 옮김, 이정서재, 2023
- 《**살면서 꼭 한번은 채근담**》 임성훈, 다른상상, 2021

14

범립본
《명심보감》
1393

늘 가까이 두고
마음의 건강을 비추는 거울

明心寶鑑

범립본(范立本, 14세기 추정)

최근까지도 《명심보감》 저자에 대한 논란이 있었으나 현재는 명나라 학자 범립본이 썼
다고 하는 것이 정설이다. 범립본에 대한 기록은 거의 남아 있지 않다. 원나라 말, 명나
라 초기에 살았으며 정계에 진출하기보다 향촌에 은거하며 후학들을 교육한 인물일 것
으로 추정한다.

넬슨 만델라는 "한 사회가 아이들을 대하는 방식보다 그 사회의 영혼을 더 예리하게 보여주는 것은 없다"고 했다. 이 말처럼 한 사회가 아이들에게 무엇을 가르치는가에 따라 그 사회의 정신적 가치관이 결정된다고 할 수 있다. 그런 점에서《명심보감》은 조선 시대 서당에서 널리 쓰인 아동 학습서로서 중요한 의미를 가진다.《명심보감》은《천자문》을 뗀 10세 전후의 아이들에게 삶에 꼭 필요한 덕목을 알려주는 필수 교재였다.《동몽선습》《격몽요결》과 같은 다른 아동 학습서들도 있었지만, 이후 시대와 교육 과정이 바뀌어도 현대까지 남녀노소를 막론하고 가장 두루 읽히는 책은 단연《명심보감》이다.

《명심보감》은 마음을 밝히는(明心), 보배로운 거울(寶鑑)이란 뜻이다. 제목 그대로 책이지만 '거울'이다. 우리가 흔히 알고 있는 책 중에 제목에 보감이 들어간 또 다른 책은《동의보감》이다.《동의보감》이 몸의 건강을 비추는 거울이라면《명심보감》은 마음의 건강을 비추는 거울이다.

우리는 하루에도 몇 번씩 얼굴에 뭐가 묻었는지 옷매무새가 괜찮은지 자주 거울을 본다.《명심보감》은 그런 책이다. 곁에 두고 자주 읽으면서 마음속 더러운 것을 털어내고 마음을 밝히는 거울과 같은 책이다. 《명심보감》은 '마음 거울'로서 일상처럼 항상 우리 가까이에 있었다. 워낙 유명한 책이라 누구나 한 번쯤은 읽어보았거나, 제대로 읽지 않았어도 읽은 것처럼 느껴진다.

누구에게나 익숙한 책이지만 《명심보감》은 의외로 아직도 저자와 판본 논란이 있는 책이기도 하다. 크게 원본, 초략본, 증보편 3가지로 나누어볼 수 있으며, 1393년 명나라 학자 범립본이 여러 고전에서 명언들을 뽑아 주제별로 엮은 책이다. 우리나라에는 고려 말 조선 초에 유입되었고 조선 시대 아동들의 필수 교재로 유학자들도 즐겨 읽었다.

그런데 조선 시대에 통용된 《명심보감》은 범립본이 지은 원본과 달랐다. 원본의 절반 정도 되는 분량의 초략본 형태였다. 그동안은 고려 충렬왕 때 예문관 대제학을 지낸 추적이 이 초략본 《명심보감》의 편저자로 알려져 있었다. 하지만 최근에는 추적을 편저자로 단정하기에는 근거가 부족하다는 논란이 있다. 알 수 없는 후대의 누군가가 원본의 《명심보감》을 초학자들이 읽기 쉽게 유가적 내용을 중심으로 편집했고, 이 초략본이 조선 시대에 널리 유통된 것으로 추측한다. 증보편은 중국 문헌이나 인물 중심이었던 원본에는 없는 우리나라 이야기 5편을 더해 만든 것이다. 현재 우리가 주로 읽는 《명심보감》은 범립본의 원본이 우리나라에 맞게 편집된 초략본과 증보편이 합쳐진 형태라 할 수 있다.

작은 언행부터 처세까지
나를 위한 고민 해결서

《명심보감》은 판본에 따라 약간 다르지만 25편 약 270개의 구절로 이루어졌다. 여러 인물이 한 말과 문헌 속에서 후대에 도움이 될 만한 구절들을 추려내 엮은 일종의 명언집이다. 공자, 맹자, 장자와 같은 사상가, 강태공, 사마광과 같은 정치가, 도연명, 소동파 등의 문인들, 주희, 주돈이 등의 성리학자 등 유가적 사유를 주축으로 도가, 불교 등 다양한 분야의 격언들이 실려 있다. 일관된 주제와 논리로 이어져 있는 글이 아니라 오히려 읽기 쉽다. 처음부터 순서대로 읽지 않고 마음이 가는 부분부터 읽어봐도 좋다. 어려운 철학적 개념을 설명하는 글이 아니기에 편안한 마음으로 읽으면 된다.

《명심보감》은 마치 각 분야의 전문가가 기다리고 있는 고민 상담소와 같다. 당신의 고민이 무엇인지 묻고 다정하게 그 대답을 건네준다. 25편의 편명을 보면 다루고 있는 주제 또한 우리가 살면서 겪게 되는 거의 모든 분야다. 가난과 부, 선과 악, 인간관계, 자식 교육, 자기 계발, 처세, 언행 등 광범위한 주제를 다루고 있다. 이런 종합 선물세트 같은 매력이 《명심보감》을 한국인이 가장 사랑하는 고전으로 만들었다.

《명심보감》을 읽는 법은 다른 것이 없다. 자신이 현재 가지고 있는 고민에서 출발하면 된다. 그래도 가장 주목해서 읽어야 할 부분이 있다면 1편 〈계선〉 편과 11편 〈성심〉 편이다. 〈계선〉 편은 책의 첫머리로서의 의미가 있고 〈성심〉 편은 상, 하 편으로 나눌 만큼 분량이 가장 많다.

1편 〈계선(繼善)〉은 '선을 이어나간다'는 뜻으로 맹자의 '성선설'과 관련이 있다. 사람은 선한 본성을 가지고 태어나기 때문에 이것을 계속 지켜나가야 한다는 의미다. 제목처럼 선과 악을 대비시키며 선행을 꾸준히 실천해야 한다는 것이 주된 내용이다.

> 선한 일을 하는 사람에게는 하늘이 복으로 갚아주고, 선하지 않은
> 일을 하는 사람에게는 하늘이 재앙으로 갚아준다.
>
> _〈계선〉

> 선한 일을 하는 사람은 봄 동산의 풀과 같아서 보이지 않아도 날마
> 다 자라남이 있다. 선하지 않은 일을 하는 사람은 칼을 가는 숫돌과
> 같아서 보이지 않아도 날마다 줄어듦이 있다.
>
> _〈계선〉

'선은 복을 받고 악은 벌을 받는다'는 인과응보는 동양 사회를 지배하는 일종의 신념이다. 요즘은 선과 악의 경계가 모호하고 악행을 저질러도 벌을 받지 않는 세태를 보며 '정말 그럴까?'라고 의심하는 사람이 많다. 《명심보감》은 첫 문장에서부터 이 인과응보의 법칙을 선언처럼 던진다. 그리고 끊임없이 말한다. 당장 눈에 보이지 않더라도 긴 안목으로 봐야 한다고, 봄 동산의 풀처럼 칼을 가는 숫돌처럼 인과응보의 법칙은 틀리지 않는다고 말이다.

11편 〈성심(省心)〉 편은 '마음을 살펴라'라는 뜻으로 주로 지나친

욕심을 버리고 겸손한 태도를 가질 것을 강조한다. 90개 구절로 25개 편 중 가장 많은 비중을 차지하는 만큼 포괄적인 내용을 다루고 있다. 마음이란 형체가 없어 알아차리기 어렵다. 《명심보감》에서도 "바다는 마르면 바닥을 볼 수 있지만 사람은 죽어도 마음을 알 수 없다"며 그 어려움을 비유하고 있다. "하늘에는 예측할 수 없는 비구름이 있고, 사람에게는 아침저녁으로 화와 복이 있다"는 문장은 공평한 세상의 이치 앞에 마음을 잘 다스려야 함을 이야기한다.

《명심보감》에는 신기할 정도로 오늘날에도 정확히 적용되는 내용이 많다. "말이 많아 실수하는 것은 모두 술 때문이고 의리가 끊어지고 친분이 멀어지는 것은 오직 돈 때문이다" "의심스러운 사람은 쓰지 말고 등용한 사람은 의심하지 말라"는 문장은 예나 지금이나 변하지 않는 삶의 지혜를 짚어준다. 매일 복권을 사거나 무리한 투자를 강행하며 일확천금을 꿈꾸는 사람에게 소동파는 "까닭 없이 천금을 얻으면 큰 복이 아니라 큰 재앙이 있게 된다"며 경고한다. 이렇듯 《명심보감》을 오랫동안 지탱해온 힘은 시대를 뛰어넘는 보편적인 가치에 있다.

하루 동안 정신이 맑고 한가로우면 하루 동안 신선이 된 것이다.

_〈성심〉

〈성심〉 상편의 마지막 문장이다. 《명심보감》에는 유가적 교훈뿐 아니라 신선에 대해 언급한 대목들도 눈에 띈다. 깊은 산속에 들어가 오랜 시간 수련을 해야만 신선이 되는 것이 아니다. 이 짧은 문장은 일상에서도 마음을 비우고 잠깐이라도 여유를 느낀다면 그게 바로 신선이라고 지친 현대인들을 위로한다.《명심보감》은 세상 모든 일이 다 마음가짐에 달려 있다는 평범하고도 위대한 진리를 주옥같은 구절들로 알려준다.

동양 문헌 최초로
서양어로 번역된 고전

《명심보감》은 우리나라뿐 아니라 베트남과 일본, 유럽에 전해져 영향을 미쳤다. 임진왜란 때 일본에 건너간《명심보감》은 1592년 당시 일본에서 활동하던 선교사 코보에 의해 스페인어로 번역되었다. 동양 문헌 최초로 서양어로 번역된 사례라고 한다.

많은 분량의 원본이 간결하게 요약된 초략본으로 재탄생하면서 《명심보감》은 중국에서보다 우리나라에서 더 중요한 고전으로 널리 읽혔다. 생활 전반을 다루는 폭넓은 내용과 주제, 비유와 대구로 이루어진 문장들이 읽고 이해하기 쉽기 때문이다.

보편적으로 널리 읽힌 만큼《명심보감》과 관련된 역사적 인물들의 일화도 많다. 율곡 이이는 자신의 문집에 "아버지께서 영남에서 돌아오실 적에 손수《명심보감》한 권을 가지고 오셨는데, 모두 선을 권하고 악을 징계하는 글이었다. 나는 자주 읽으면서 일찍이 감탄하지 않을 수 없었다"라고 기록하고 있다. 이순신 장군은 포로로 잡혀 있는 어린 왜군에게《명심보감》의 〈효행〉 편을 읽어준 일화로 유명하다. 실제로 그는《명심보감》을 평생 곁에 두고 탐독했다고 전해진다. 안중근 의사가 뤼순 감옥에서 남긴 유묵 중 "黃金百萬兩(황금백만냥) 不如一敎子(불여일교자)"는 '황금 백만 냥은 자식을 가르침만 못하다'는 뜻으로,《명심보감》〈훈자〉편에 나온 문장에서 유래했다.

하지만 대부분의 고전이 그렇듯《명심보감》의 모든 내용이 지금 시대와 맞는 것은 아니다. 그때는 맞는 말이었겠지만 지금은 맞지 않는 말도 있다. 하늘이나 분수에 무조건 순응해야 함을 강조한다거나 여성으로서 지녀야 할 덕목을 지나치게 가부장적으로 서술한 점들은 분명히 시대적 차이를 고려하며 읽어야 한다.

《명심보감》이 그저 그런 무미건조한 교훈적인 책이었다면 세월의 무게에 이미 생명력이 다했을 것이다.《명심보감》은 읽으면 읽을수록 잘 발효된 시간의 맛이 나는 고전이다.

함께 읽으면 좋은 책

· **《명심보감》** 백선혜 옮김, 홍익출판사, 2022
· **《명심보감》** 김원중 옮김, 휴머니스트, 2017

15

붓다
《금강경》
기원전 1세기

모든 것은 변하고
모든 존재는 연결되어 있다

고타마 싯다르타(Gautama Siddhārtha, 기원전 560~480 추정)

불교를 창시한 인물로 예수, 소크라테스, 공자와 더불어 세계 4대 성인 중 한 명이다. 석가모니, 부처, 붓다 등 다양한 명칭으로 불린다. 고타마 싯다르타는 고대 인도 카필라 왕국의 왕자로 태어났으나 생로병사의 고통을 목격하고 29세에 출가했다. 고행 끝에 35세에 보리수 아래에서 깨달음을 얻고 부처가 되었다. 이후 인도 북부를 중심으로 45년간 가르침을 전파했다.

《금강경》은 한국 불교를 이해하기 위한 핵심 경전이다. 우리나라 불교의 대표적인 종단인 대한불교조계종의 '소의 경전'이기 때문이다. '소의 경전'이란 각 종파에서 근본 경전으로 의지하는 경전을 말한다. 불교 경전은 '팔만대장경'이라는 이름에서도 알 수 있듯이 이슬람이나 기독교 등 다른 종교에 비해 그 종류가 매우 많다. 불교 경전은 크게 초기 경전과 대승 경전으로 나눌 수 있다.《금강경》은 그중 대승 불교를 대표하는 경전이다.

　불교는 고대 인도에서 싯다르타에 의해 창시된 종교로 중국을 거쳐 우리나라로 전해졌다. 현재 아시아를 비롯해 세계적으로 많은 신자를 거느린 세계 3대 종교 중 하나이다. 싯다르타는 그가 속한 부족의 이름을 따 '석가모니'라고도 불리며 깨달은 자라는 의미로 흔히 '부처'라고도 부른다. 부처는 살아생전에 문자를 남기지 않았다. 지금 남아 있는 불교 경전은 부처가 죽은 후 제자들이 모여 그가 남긴 말씀을 외워 암송하고 승인한 후 기록하는 방식으로 만들어졌다. 총 3번의 대규모 결집을 통해 경전이 만들어졌는데 이때 만들어진 경전을 '초기 불교 경전' 또는 '원시 불교 경전'이라고 한다.《아함경》《법구경》《열반경》 등이 이에 속한다.

부처 사후 100년이 지나자, 불교 교단은 수행 방법, 승가 공동체 운영 방식, 교리 해석 등에 차이를 보이며 여러 분파로 분열되기 시작했다. 기존 불교가 개인의 수행에만 치중함을 비판하며 일어난 불교 혁신 운동이 바로 대승 불교다. '대승'이란 깨달음의 세계로 중생들을 실어 나르는 큰 수레라는 의미다. 대승 불교의 기반이 되는 경전을 '반야부 경전'이라 하며, 총 600여 권 중 577권째에 해당하는 경전이 《금강경》이다. 반야부 경전에는 우리에게 익숙한 《반야심경》도 포함되어 있다. 《반야심경》이 주로 반야의 이론에 대해 담고 있다면 《금강경》은 반야의 실천 방법에 대해 다루고 있다.

대승 불교는 '보살'이라는 새로운 개념을 강조한다. 보살이란 아직 부처에 이르지는 못했지만, 깨달음을 얻기 위해 수행하는 자를 뜻한다. 위로는 깨달음을 구하고 아래로는 중생을 교화하려는 뜻을 세운 사람으로 대승 불교의 이상적인 수행자상이다. 즉, 보살은 큰 수레에 여러 중생을 싣고 앞장서서 수레를 끄는 역할을 하는 사람이다. 《금강경》은 이 '보살'에 관한 책이다. "보살은 어떻게 행동해야 합니까?"라고 묻는 제자에게 부처가 들려주는 보살이 가져야 할 마음가짐과 행동에 관한 이야기다.

◆ **다이아몬드같이 빛나는**
단단한 지혜를 담은 책

《금강경》의 원래 제목은 《금강반야바라밀경》이다. 반야(般若)는 지혜를, 바라밀은 지혜의 세계인 저쪽 언덕, 피안(彼岸)을 뜻한다. 금강(金剛)은 '와즈라'라는 산스크리트어를 한자로 번역한 것으로 금강석을 가리킨다. 금강석은 금 중에서 가장 강하다는 의미로 달리 말하면 '다이아몬드'다. 그래서 《금강경》의 영어판 제목은 《The Diamond Sutra》다. 다이아몬드는 아름답게 빛나면서도 가장 단단한 보석이다. 《금강경》을 제목 그대로 풀이하면 '지혜의 세계로 가는 가장 빛나고 단단한 책'이라고 할 수 있다.

불교 경전은 인도의 고대어인 팔리어 혹은 산스크리트어로 적혀 있다. 그래서 한자 문화권에서는 주로 한자로 번역한 불교 경전이 널리 유통되었다. 《금강경》은 402년 인도 출신의 승려인 구마라습이 중국에 국사(國師)로 와 있으면서 중국인 제자들과 최초로 한자로 옮겼다. 한자로는 5,000여 자의 짧은 분량으로 처음에는 편과 장의 구분이 없이 죽 나열되어 있었다. 이것을 중국 남북조 시대 소명태자가 다른 유교 경전처럼 32개의 편으로 나누었고 각각 제목을 달았다.

《금강경》은 부처와 제자 수보리의 문답 형식으로 구성되어 있다. 부처는 소크라테스의 문답법처럼 끊임없는 질문으로 제자를 깨달음의 길로 안내한다. 긍정이 부정이 되기도 하고 부정이 긍정으로 바뀌기도 하면서 제자가 평소 가지고 있던 편견을 깨뜨린다. 때로는 "나는 이렇게 생각하는데 너는 어떻게 생각하느냐?" 하고 반문하며 스스로 답을 찾도록 유도한다.

보살의 길을 가고자 하는 사람은 어떻게 행동하고 마음을 다스려야 하는지 묻는 제자에게 부처는 '분별심'을 버리라고 말한다. 주변의 모든 것들을 고통이 없는 완전한 깨달음의 세상으로 인도하겠다는 마음을 가지면서도 내가 그들을 이끌고 있다는 오만한 마음을 가지지 않아야 한다고 대답한다. 즉, 내가 남을 도와주면서도 그를 도와주고 있다는 생각 자체도 버려야 한다는 것이다. 그런 생각에서 이미 나와 남을 구별 짓는 분별심이 생기기 때문이다. 불교에서는 세상 모든 존재가 연결되어 있다고 본다. 이것을 '연기설'이라고 한다. 마치 한 몸에서 생겨난 오른손과 왼손처럼 서로 긴밀하게 이어져 있어 남과 나를 분리할 수 없다는 것이다.

응무소주(應無所住), 이생기심(而生其心)
마땅히 머무는 바 없이 그 마음을 내어라.

_〈제10 장엄정토분〉

《금강경》에서 가장 많이 알려진 구절이다. 중국 불교 선종의 6대 조 혜능 대사가 글자도 모르던 나무꾼 시절, 이 구절을 우연히 듣고 출가를 결심하게 되었다는 일화로 더욱 유명하다. '머무는 바가 없는 마음'이란 집착이 없는 본연의 마음이다. 집착은 어떤 대상에 마음이 쏠려 매달린다는 의미다. 이것만이 옳다는 편견과 고집, 무언가를 해주고 티를 내는 생색, 주었으니 받아야겠다는 욕심 등 무엇인가에 매달려 있는 마음이 바로 집착이다. 부처는 대상에 집착하지 않는 청정한 마음을 가져야 한다고 강조한다. 그리고 그 집착의 대상이 되는 '상(相)'이라는 개념에 관해 이야기한다.
    우리가 소리, 냄새, 모양, 색 등으로 무엇인가를 인식할 수 있다면 그것이 실체이자 본질이라고 단언할 수 있을까? 우리는 저마다 각자의 안경을 끼고 세상을 바라볼 뿐이다. 눈으로 볼 수 있는 것이든 없는 것이든 우리는 각자가 쓴 안경을 통해 마음과 머릿속에 상(相)을 그려낸다. 《금강경》에는 '상'이라는 개념이 많이 나온다. 상은 직접적으로는 모양, 형태, 겉모습을 뜻하지만 관념, 인식까지 포괄하는 넓은 개념이다. 부처는 수보리에게 "무릇 형상이 있는 것은 모두 다 허망한 것이니, 만약 형상이 진정한 것이 아님을 알면 여래를 보리라"라고 알려준다. 즉, 내가 보고 들은 것이 실체이고 전부라는 망상을 버려야 한다. 세상의 모든 것에는 고정된 실체가 없으며 그 사실을 깨달을 때만 비로소 대상에 대한 집착을 벗어나 참모습을 볼 수 있다.

김만중의 소설 《구운몽》은 《금강경》의 다음 구절을 인용하여 끝을 맺는다.

> 있다고 여기는 모든 실체는 꿈, 허깨비, 물거품, 그림자와 같다. 이슬처럼 번개처럼 지나가는 것일 뿐이다. 마땅히 이와 같이 보아야 한다.
>
> _〈제32 응화비진분〉

《구운몽》은 《금강경》을 소설화한 작품으로 평가받는다. 《구운몽》은 주인공 성진의 꿈 이야기를 통해 부귀영화가 한낱 꿈에 지나지 않으며 인생이 무상하다는 가르침을 준다. 무상(無常)이란 일정한 것, 영원한 것이 없다는 의미다. 우리는 영원한 것이 있다고 착각하기 때문에 더욱 집착하고 욕심을 부린다. 《금강경》에서는 '나'라는 실체가 있다는 생각조차도 아상(我相)이라 하여 그릇된 것으로 본다. 자아라는 관념이 남과 구분 짓는 대립을 만들고 내 것이라는 소유 의식을 가지게 하기 때문이다.

《금강경》에는 아이러니하게도 공(空)이라는 글자가 나오지 않는다. 하지만 분별심, 집착, 상이라는 개념은 결국 대승 불교의 핵심 교리인 공(空) 사상과 연결된다. '공'은 아무것도 없는 텅 빈 상태가 아니라 변하지 않는 고정된 실체가 없다는 의미다. 모든 존재는 연기(緣起)라는 상호 의존적 관계 속에서 생겨나고 사라질 뿐이다. 그러니 집착할 필요가 없다. 부처는 제자와의 대화를 통해 '머무는 바 없이 자유로운 마음 상태에 도달하는 것'이 최상의 지혜임을 가르쳐준다.

◆ 집착의 괴로움 대신 자유로움의 기쁨을 준다

《금강경》은 인도에서 기원전 1세기 전후에 쓰였다고 알려져 있으며 우리나라에는 구마라습의 한자 번역본이 삼국 시대에 전해진 것으로 추정한다. 고려 때 보조국사 지눌이 많은 이들에게《금강경》을 읽도록 했고, 조선 세조 때는《금강경언해》가 간행되었다는 기록이 있을 만큼 이미 대중적인 불교 경전이었다. 근대에 와서는 1923년 민족 대표 33인 중 한 명이었던 용성스님에 의해 처음으로 한글로 번역되었다.

《금강경》은 대승 불교의 가장 중요한 경전으로 현재 우리나라를 비롯한 중국과 일본의 불교 철학과 수행에 큰 영향력을 행사하고 있다.《구운몽》을 비롯한 많은 문학 작품과 예술 분야에도 영감을 주었다. 최근《금강경》의 '공' 사상은 현대 심리학 및 철학과도 결합해 서구에서 심리치료 방법의 하나로도 주목받고 있다.

불교 경전은 단순히 '읽는다'라고 하기보다 '독송한다'는 표현을 많이 쓴다. 독송이란 소리 내어 읽거나 외우는 것을 말한다.《금강경》은 특히 짧은 구절로 되어 있어 많은 사람들이 즐겨 독송하는 불교 경전 중 하나다.《금강경》의 마지막 구절에는 "이 경전을 독송하고 남에게 쉽게 풀이해주는 것만으로도 복덕을 받는다"라고 되어 있다. 나 혼자 읽을 것이 아니라 주변과 함께 나누라는 의미다. 그러면서도 내가 어떤 경지에 이르렀다는 생각, 내가 선행을 베풀었다는 생각마저 버려야 한다. 모든 것은 변하고 모든 존재는 연결되어 있다. 내가 바라보는 세상이 전부일 것이라는 허상에서 벗어난다면 집착의 괴로움 대신 자유로움의 기쁨을 얻게 될 것이다.

《금강경》은 다이아몬드같이 가장 빛나고 단단한 지혜를 만날 수 있는 고전이다.

함께 읽으면 좋은 책

- 《**우리말 속뜻 금강경**》 전광진 옮김, 속뜻사전교육, 2021
- 《**법륜스님의 금강경 강의**》 법륜, 정토, 2012
- 《**금강경 마음공부**》 페이융, 유노북스, 2023

소장

★

학창 시절
교과서에서
자주 본
필독 고전

16

주희·유청지
《소학》
1187

일상의 도리를 가르치기 위한
아동 교육서

주희(朱熹, 1130~1200)

중국 남송 시대 유학자. 존칭의 의미인 자(子)를 붙여 '주자'라고도 한다. 유교 경전의 해석과 주석에 많은 기여를 했으며 초기 유학을 체계화하고 발전시켜 성리학을 집대성했다. 이후 성리학은 중국뿐만 아니라 한국, 일본 등 동아시아 전역에 큰 영향을 미쳤다.

※ 주요 저서: 《사서집주》《주자어류》《주자대전》

공자의 제자이자《대학》을 저술한 증자에게 공명선이라는 제자가 있었다. 그가 3년 동안 전혀 글 읽는 모습을 보이지 않자, 증자가 왜 공부하지 않느냐고 물었다. 공명선은 이렇게 대답했다.

"제가 어찌 배우지 않았겠습니까? 스승께서 뜰에 계시는 모습을 보고, 손님을 대하는 모습을 보고, 조정에 계실 때를 보면서 기뻐하며 배웠으나 아직 다만 능하지 못할 뿐입니다."

공명선은 책이나 글이 아니라 스승이 평소 살아가는 모습을 통해 배웠다. 공부란 책상에 앉아 지식을 머릿속에 넣는 것만을 가리키지 않는다. 생활 그 자체가 배움이자 공부의 대상이 된다. 특히 어린아이 일수록 세상의 모든 것에서 배운다. 태어나서 처음 만나는 부모의 표정과 말을 흉내 내고 그들의 행동을 닮아간다.《소학》이란 이렇게 배운다는 의식 없이 배워지는 것들에 관한 고전이다.

'소학(小學)'은 원래 고대 중국에서 8세 이후의 어린아이들이 다니는 학교를 가리켰다. 이것은 지금도 한자 문화권 나라의 학교 이름으로 쓰이고 있다. 우리나라 초등학교에 해당하는 교육 기관을 중국에서는 샤오쉐(xiǎoxué, 小学), 일본에서는 쇼가코(小学校), 베트남에서는 쯔엉띠에우헙(trường tiểu học, 場小學)이라고 부른다. '소학'의 작을

소(小)는 학문을 막 시작하는 어린아이들을 뜻한다.

《소학》은 아동을 위한 일종의 교재로 송나라 학자 주희와 그의 제자 유청지가 만든 책이다. 도교와 불교의 성행으로 유학의 새로운 부흥이 필요했던 남송 시대, 주희는 《예기》에서 《대학》과 《중용》을 분리하고 유학을 이론적으로 체계화했다. 공자의 유학이 '인간의 선한 본성은 곧 하늘의 이치와 같다'는 주희의 성리학으로 탈바꿈하며 1100년대 중국의 사상적 주도권을 다시 잡았다. 그리고 전국 각지에서 이런 성리학적 근본 윤리를 위한 교육이 활발히 일어난다.

주희는 진정한 성리학적 이념을 갖춘 인간이 되려면 어릴 때부터 체계적으로 교육받아야 하며 이에 걸맞은 아동 교육서가 필요하다고 느꼈다. 그래서 제자인 유청지와 함께 유교 경전에서 아동들에게 가르침이 될 만한 문장들과 이야기를 뽑아 《소학》을 만들었다. 주로 주희가 큰 틀과 방향을 정하고 유청지가 구체적인 편집을 담당했다고 전해진다.

주희는 《소학》의 서문에서 나라와 천하를 다스리는 큰 학문인 《대학》을 공부하기 전에 반드시 일상의 도리를 먼저 실천하는 《소학》을 읽어야 한다고 말하고 있다. 《소학》이 집을 짓기 위해 터를 닦고 재료를 준비하는 것이라면 《대학》은 그 터에 집을 짓는 것이라고 비유했다. 하얀 도화지 같은 아이들에게 머리가 아닌 몸으로 자연스럽게 익히고 실천하는 공부를 알려주고 싶었던 주희, 《소학》에는 구체적으로 어떤 내용이 담겨 있을까?

생활 습관, 예절, 관계의 기술을
재미있는 이야기로 가르치다

《소학》은 내편과 외편, 총 386장으로 구성되어 있다. 내편은 교육 방법과 제도에 대해 서술하는 〈입교〉, 인간관계에서 지켜야 할 도리를 밝히는 〈명륜〉, 몸가짐과 마음가짐에 관한 〈경신〉, 옛사람의 가르침인 〈계고〉로 구성되어 있다. 외편은 선인들의 교훈이 되는 말과 좋은 행동을 모은 〈가언〉과 〈선행〉으로 되어 있다.

　《소학》은 기존 문헌에 있던 구절들을 주제에 맞게 배치하고 다듬어 재구성한 책이다. 새로운 창작물이 아님에도 가치를 높이 인정받았던 것은 《소학》의 체계적인 구성 덕이다. 《소학》의 내편과 외편을

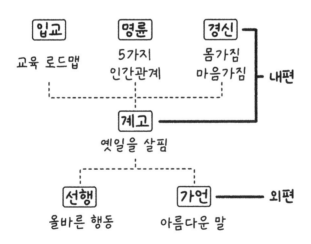

《소학》은 원칙적인 가르침을 담은 내편과 실제 인물들의 이야기를 담은 외편으로 이루어진다.

살펴보면 아이들이 이해하기 쉽게 구조적으로 잘 짜인 책이라는 것을 알 수 있다. 내편이 주로 '무엇을 어떻게 해야 한다'는 당위적 원칙에 관한 내용이라면, 외편은 이런 원칙과 규범을 지킨 실제 인물들의 말과 행적이 담긴 구체적 이야기다. 내편의 내용을 외편에서 이야기로 재확인하는 구조다. 아직 추상적 사고가 부족한 아이들에게 단순한 설명이 아닌 재미있는 이야기로 다가가는 방식은 오늘날의 교육학적인 입장에서 보아도 전혀 손색이 없다.

> 집안의 모든 사람은 아침에 닭이 울면 세수하고 양치질하고 옷을 입는다. 베개와 이부자리를 정리하고 방과 마루, 뜰을 청소하고 자리를 편다. 그런 다음 각자가 맡은 일을 한다.
>
> _〈명륜〉

오늘날 우리가 아이들에게 알려주는 기초 생활 습관과 다르지 않다. 《소학》은 흔히 쇄소응대(灑掃應對)의 학문이라 불린다. 쇄소응대란 물 뿌리고 쓸고 청소하며 어른들의 부름에 대답한다는 의미다. 즉, 아이들이 자신이 맡은 일을 스스로 하며 내가 아닌 다른 사람과 건강한 관계를 맺는 일이다. 그래서 《소학》 속 내용은 아이가 일어나서 잠들 때까지 겪는 대부분의 상황을 다루고 있다. 한 권의 예절서처럼 매우 자세한 행동 규범이 설명되어 있다.

〈입교〉에서는 여자가 임신했을 때부터 태교를 어떻게 해야 하며, 아이가 6세가 되면 숫자와 방향을 알려주고, 9세가 되면 날짜 헤아리는 것을 알려주어야 한다는 등 일종의 교육 로드맵이 나와 있다. 〈경신〉에는 '곁눈질하지 말라, 두리번거리지 말라' 등 행동거지와 더불어 음식 먹는 법, 옷차림에 대한 내용도 수록되어 있다.

《소학》에서 가장 큰 비중을 차지하는 핵심 내용은 오륜을 밝히는 〈명륜〉이다. 오륜(五倫)이란 사람이 살면서 맺게 되는 5가지 관계에서 지켜야 할 도리를 말한다. 우리가 흔히 아는 '삼강오륜'의 오륜이다. 부모와 자식 사이에는 사랑과 효, 임금과 신하 사이에는 의리, 부부 사이에는 역할과 구별, 어른과 아이 사이에는 공경과 배려, 친구 사이에는 신뢰가 있어야 한다. "어른이 무엇인가를 주실 때는 두 손으로 받는다, 어른의 얼굴을 똑바로 쳐다보지 않는다, 노인에게 짐을 지게 하지 않는다" 등 우리가 지금도 상식적으로 알고 있는 기본 예절에 관한 내용이 담겨 있다.

특히 오륜 중에서도 '효'에 관한 내용이 제일 많다. 나이 70세에도 알록달록한 옷을 입고 어머니 앞에서 재롱을 부린 노래자, 잘못을 저질러 매를 맞았지만 오히려 어머니의 힘이 약해 매가 아프지 않음을 슬퍼한 백유, 부잣집에 공부하러 갔다가 받은 귤을 먹지 않고 부모님께 드리려고 품에 넣었던 육적의 이야기 등 감동적이고 흥미로운 고사들을 만날 수 있다. 이런 이야기를 읽는 것만으로도 아이들에게 '효'의 의미가 무엇인지 깊이 고민하게 한다.

하지만 《소학》에는 지금과는 맞지 않는 다소 기이하고 불합리한 내용들이 있어 비판의 대상이 되기도 한다. 아버지 병의 차도가 있는지를 알기 위해 똥을 맛본 유검루나 이가 없는 시어머니에게 젖을 먹인 당부인의 이야기처럼 지나친 '효'에 대한 강조는 오히려 반감을 품게 한다. 또한 "여자는 아버지, 남편, 아들에게 순종해야 한다, 암탉이 울면 화를 부른다" 등의 내용에서는 남자는 높고 여자는 낮다는 남존여비 사상이 강하게 드러난다. 어쩌면 우리가 지금 가지고 있는 가부장적이고 보수적인 유교의 이미지는 《소학》의 이런 몇몇 문장에서 나왔는지 모른다.

하지만 이런 일부분 때문에 《소학》 전체를 오늘날과 맞지 않는 구시대적인 책이라고 폄하해서는 곤란하다. 시대와 문화가 달라져도 여전히 유효한 인간의 도리를 다루고 있는 부분이 더 많기 때문이다. 무려 800여 년 전인 1187년에 출간된 책이라는 점을 감안해야 한다.

◆ **4자씩 한 구절로**
재탄생한 《사자소학》

《소학》은 《논어》나 《맹자》와 같은 고전에 비해 생소한 책이지만 중·고등학교 역사 교과서에 빠짐없이 등장한다. "조선 건국과 함께 유교 윤리와 예법을 일반 백성에게까지 확산시키려 노력하였다"는 문장과 함께 말이다. 우리가 《소학》을 제대로 읽어본 적이 없는데도 《소학》에 나온 일부 내용을 어렴풋이 들어보았거나 알고 있는 이유는 바로 이런 영향이다.

《소학》은 국가 차원에서 의도를 가지고 보급해 조선 시대에 민간에서 가장 널리 읽힌 책이다. 고려 말 성리학자들에 의해 처음으로 우리나라에 소개되었고, 특히 조선 전기 재야에 묻혀 있다가 중기 이후 정계에 진출한 유학자들인 사림파에 의해 더욱 강조되었다. 유학

이념을 일상에서 직접 실천할 수 있는 가르침을 주는 유일무이한 책이었기 때문이다. 사림파의 수장인 김굉필은 평생《소학》을 손에서 놓지 않아 '소학 동자'라고 불렸으며, 영조는 소학을 직접 우리말로 번역하여《어제소학언해》를 편찬하기도 했다. 율곡 이이는 성리학의 핵심인 사서(《논어》《맹자》《대학》《중용》 4가지 책)와 함께《소학》을 '오서'로 부를 정도로 중시하며 우리나라 최초의 소학 주석서인《소학집주》를 썼다.

하지만 기존《소학》에 나오는 이야기가 모두 중국을 배경으로 하고 있고 등장인물 역시 중국 사람이라 아이들에게 와닿지 않고 가르치기에 적절하지 않다는 문제의식이 생기기 시작했다. 그래서 조선판《소학》을 따로 만들었다.《소학》의 기존 구성과 체제를 따르면서 주로 성현의 말과 행적이 실려 있는〈가언〉과〈선행〉을 우리나라 버전으로 바꾸었다. 우리나라 문집에서 문장을 뽑고 우리나라 사람 중 훌륭한 효자, 열녀, 신하의 사례를 소개하는 형태로《대동가언선행》《해동속소학》《대동소학》등 여러 권이 만들어졌다.

16세기 이후에는 사림파가 정치와 세력을 주도하면서 전국 곳곳에 서당이 설립되었다. 서당에서는 내용이 많고 어려운《소학》을 대신해 아동들이 이해하기 쉬운 내용만을 뽑아 4자씩 한 구절로 만든《사자소학》을 기본 교재로 삼았다. 이렇게 주희의《소학》은 조선에 맞게 여러 형태로 새롭게 태어나면서 더욱 민간 속으로 파고들었다.《사자소학》은 현대에도 여전히 아이들에게 생활 규범을 알려주는 책으로 주목받고 있다.

시간 지키기, 한 줄 서기, 공공장소에서 떠들지 않기, 바른말과 바른 행동 등 가장 기본적인 생활 예절과 규칙은 모두 어린 시절에 배운다. 그때 형성된 습관과 성품은 눈에 보이지 않지만, 인생에 두고두고 영향을 끼친다. 다산 정약용은 60세가 넘어 스스로 묘지명을 지으며 자신의 삶을 회고했다. 그리고 다시 《소학》을 꺼내 읽으며 이렇게 말했다.

"독실하게 실천할 방법을 찾아보니 《소학》과 《심경》이 여러 경서 중 유독 뛰어난 책이었다. 나는 《소학》으로 외면을 다스리고, 《심경》으로 내면을 다스렸다."

《소학》은 어린아이들만을 위한 책이 아니다. 기본으로 돌아가는 공부가 필요한 우리 모두를 위한 고전이다.

함께 읽으면 좋은 책

- 《소학》 윤호창 옮김, 홍익, 2021
- 《다산의 마지막 습관》 조윤제, 청림출판, 2023

17

지눌
《수심결》
1198

내 마음을 잘 알아차리고
닦는 것의 의미

지눌(知訥, 1158~1210)

고려 시대를 대표하는 승려로 호는 목우자(牧牛子), 시호는 불일보조국사다. 고려 중기 타락해가는 불교를 개혁하고자 노력했으며 특히 선(禪)과 교(敎)의 통합을 추구하였다. '정혜결사'를 결성하여 돈오점수, 정혜쌍수를 제시했다. 지눌의 사상은 고려 사회 전반에 큰 영향을 미쳤으며 한국 불교사에서 매우 중요한 인물로 평가된다.

※ 주요 저서: 《계초심학인문》 《보조법어》 《정혜결사문》

918년 왕건에 의해 건국된 고려는 불교의 나라였다. 인도에서 씨앗을 틔우고 중국에서 꽃을 피운 불교는 고구려 소수림왕 때 우리나라로 전해졌다. 삼국 시대, 남북국 시대를 거치며 불교는 나라를 지키고 백성들의 마음을 하나로 모으는 중요한 역할을 담당했다. 그리고 마침내 고려 시대에 나라의 종교가 되었다.

승려들은 국가의 스승이라는 국사로 추대되었고 수많은 절이 세워졌다. 나라의 행사는 모두 불교식으로 이루어졌다. 승려들은 좋은 대우를 독차지하게 되자 점점 수행은 멀리하고 더 많은 재산이나 높은 지위에만 관심을 가졌다. 부처의 가르침은 뒷전인 채 화려한 불상을 짓고 대토지를 소유했다. 승려들은 백성들의 피와 고름으로 세속적 부와 명예를 추구했다. 12세기 고려 중기에 불교계의 타락은 절정에 다다랐다. 불교계가 뿌리까지 썩어버리자 그 폐단을 뽑아내지 않을 수 없었다. 부패하고 타락한 불교를 개혁하고자 하는 강력한 움직임이 꿈틀거렸다. 그 중심에 보조국사 '지눌'이 있었다. 그는 외쳤다.

"승려는 승려다워야 한다."

지눌은 1158년 황해도에서 태어났다. 그는 어릴 때부터 몸이 약했다. 하루는 고열로 목숨이 위태로운데 어떤 약을 써도 차도가 없었다. 아버지는 "아이의 병을 낫게만 해준다면 아이를 출가시키겠다"고 부처님께 빌었다. 그러자 다음 날 거짓말처럼 병이 나았다. 이를 계기로 지눌은 8세에 출가해 승려가 되었다. 25세에는 승려를 대상으로 실시했던 과거 시험인 승과에 합격했다. 그러나 그는 출세의 길이 보장된 화려한 개경 생활을 포기하고 지방으로 수행의 길을 떠났다. 당시 세속적으로 타락했던 승려들의 모습에 크게 실망했기 때문이다.

그로부터 8년 후, 산속에 은거하며 수행을 이어나가던 지눌은 팔공산 거조사에서 한 편의 글을 짓는다. 그 글의 주된 내용은 "승려는 승려답게 세속적 이익이 아닌 수행에 집중할 것", "선종의 선정과 교종의 지혜를 함께 닦을 것"이었다. 이 글이 깃발이 되어 지눌과 뜻을 같이한 많은 승려들이 모여들었다. 선정의 '정'과 지혜의 '혜'를 따 단체의 이름을 지었다. '정혜결사'라는 불교 개혁 운동이 시작된 것이다. 이는 당시 불교계에 대한 신랄한 비판이자 선종과 교종의 대립으로 얼룩진 내부 모순을 반성하는 목소리였다.

정혜결사는 새로운 사회를 꿈꿨던 무신 정권의 지원과 폭넓은 민심의 지지를 받으며 불교 교단 전체를 이끄는 위치로까지 발전한다. 그 거대한 흐름의 물꼬를 튼 것이 지눌의 〈권수정혜결사문〉이다. 지눌은 정혜결사를 주도적으로 이끌며 불교가 다시 본질로 돌아가길 바랐다. 1198년경 그는 자신의 인생과 불교계에 중요한 전환점이 되었던 〈권수정혜결사문〉을 다시 다듬고 보완해 세상에 내놓았다. 그 책이 바로 《수심결》이다.

파도 같은 마음 너머
바다 같은 마음이 있다

《수심결》은 5,000여 자의 짧은 책이다. 1권 40장이며 서분, 정종분, 유통분으로 나누어져 있다. 오늘날 서론, 본론, 결론에 해당한다. 서분에서는 깨달음은 무엇이며 왜 깨달음을 구해야 하는지, 정종분에서는 구체적으로 어떻게 수행해야 하는지를 서술하고 있다. 유통분에서는 책의 전체 내용을 강조하고 당부하는 말로 마무리한다. 정종분은 전체 40장 중 36장에 해당하는 내용으로 9가지 질문과 그에 대한 답으로 구성되어 있다. 9가지 문답의 핵심 키워드는 '돈오점수'와 '정혜쌍수'다.

돈오점수는 단번에 깨닫는 돈오(頓悟)와 점진적인 닦음을 뜻하는 점수(漸修)를 아울러 이르는 말이다. 어느 날 문득 깨치고 나면 고통이 한순간에 사라져야 한다. 하지만 그동안 나쁜 습관들이 몸에 배어 이전의 상태로 돌아가기 쉽다. 그래서 그 깨달음에 의지해 지속적으로 공부하고 수행해야 온전한 깨달음에 이를 수 있다. 지눌은 마치 수레의 두 바퀴처럼 돈오와 점수가 함께 가야 한다고 강조하고 있다. 그렇다면 그가 말한 깨침과 닦음의 대상은 무엇일까? 바로 '마음'이다. 《수심결》은 '마음을 닦는 비결'이라는 제목 그대로 마음에 관한 책이다. 지눌은 "부처가 다른 곳에 있는 것이 아니라 바로 내 마음속에 있다"고 말한다. 내 마음을 잘 알아차리는 것이 '돈오'라면 잘 닦아나가는 것이 '점수'다.

불교에서는 마음을 바다와 파도에 비유한다. 누군가를 처음에는 싫어했다가도 나중에는 좋아하게 되고, 아침에는 즐거웠던 마음이 오후에는 짜증으로 변하기도 한다. 그런 마음은 파도다. 바람이 불면 세찬 파도가 일었다가 다시 사라진다. 우리는 외부 상황에 휘둘리는 그런 파도가 마음이라고 착각하지만 그 너머 고요한 바다가 있다. 바다는 변하지 않는 진정한 마음이다. 파도가 아닌 바다라는 진정한 마음을 알아차리고자 끊임없이 노력해야 한다. 지눌은 세상을 살아가면서 겪는 고통은 마치 우리가 불난 집에 그대로 머물러 있는 것과 같다고 한다. 집에 불이 활활 타오르는데 사람들은 눈앞의 재미에만 빠져 벗어날 생각을 하지 못한다. 그 고통을 벗어나려면 변하지 않는 바로 그 마음을 깨달아야 한다.

하지만 마음은 형체가 없어 알아차리기 힘들다. 그래서 지눌은 '정혜쌍수(定慧雙修)'를 제시한다. 돈오점수 중 점수에 해당하는 구체적인 2가지 실천 방법이다. 정혜쌍수란 선정(禪定)과 지혜(知慧)를 함께 닦는 것을 말한다. 선정과 지혜를 이해하기 위해서는 불교의 두 종파인 선종과 교종에 대해 먼저 알아야 한다.

인도에서 기원하여 중국을 통해 우리나라에 들어온 불교는 대승 불교다. 대승 불교는 다시 교종과 선종으로 나누어진다. 처음에는 이런 구분이 없었지만 경전의 해석과 연구를 강조하는 불교가 점점 어려워지자 대중과는 멀어졌다. 그래서 누구나 수행을 통해 깨달음에 이를 수 있다는 참선을 중시하는 새로운 종파가 생겼다. 사람들은 이것을 선종이라 불렀고 그 이전의 것은 교종이라 구분했다. 교종의 교(敎)가 경전 공부를 의미한다면 선종의 선(禪)은 고요한 상태로 마음을 들여다보는 수행을 의미한다.

선정은 본체이고 지혜는 작용이다. 본체가 곧 작용이므로 지혜는 선정을 떠나지 않고 선정은 지혜를 떠나지 않는다. 선정이 곧 지혜이므로 고요한 가운데 항상 지혜가 빛을 발하고 지혜가 곧 선정이므로 지혜가 빛을 발하는 가운데 항상 고요하다.

_〈정종분〉

지눌은 이처럼 선종의 선정과 교종의 지혜를 함께 아우르고자 했다. "부처님의 말씀이 교라면 부처님의 마음이 선이다. 결국 둘은

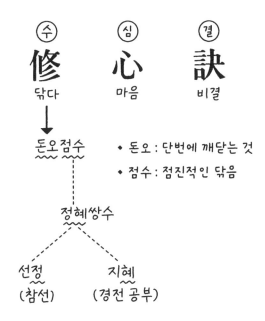

《수심결》은 '마음을 닦는 비결'을 알려주는 마음공부에 관한 책이다.

같다"라고 강조했다. 이 말이 별건가 싶겠지만 선종과 교종이 대립되던 시기, 편협하고 배타적인 시각에서 벗어나 한 발짝 앞서 나간 그의 사상은 당시로서는 큰 충격이었다. 돈오점수와 정혜쌍수는 앞서 언급한 불교 개혁 운동의 이름으로 삼을 만큼 지눌의 핵심 사상이자 《수심결》의 주된 내용이다.

◆ ## 내 마음속 야생 소를
길들이는 10단계

지눌의 호는 '목우자', 죽은 뒤에 받은 시호는 '불일보조국사'다. 목우자는 소를 키우는 사람이라는 뜻이다. 소는 평소에는 순하지만 성질이 나면 호랑이도 죽일 만큼 난폭해진다고 한다. 불교에서는 사람의 마음속에 누구나 이런 야생의 소가 한 마리 살고 있다고 본다. 그래서 마음을 찾고 깨달음에 이르는 과정을 소를 길들이는 데 비유하여 10단계로 표현했다.

1단계는 동자승이 소를 찾는다. 2단계는 소의 발자국을 발견하고 그것을 따라간다. 3단계는 드디어 소를 찾고 가까이 다가간다. 수행자가 불성을 깨닫고 가까워지는 모습을 비유한 것이다. 4단계는 소가 달아나지 못하도록 코뚜레를 걸어 매어둔다. 5단계는 소를 길들이며 끌고 간다. 이때 검은 소가 점점 희어진다. 탐욕으로 물든 마음이 깨끗해지는 것을 의미한다. 풀을 먹이고 보살피며 부지런히 소를 키워가는 단계다. 6단계는 동자승이 소를 타고 피리를 불며 집으로 돌아온다. 7단계는 소는 없고 동자승만 앉아 있다. 8단계는 소도 동자 승도 없는 공(空)의 상태다. 9단계는 강물이 흐르고 꽃이 핀 고요한 모습이다. 10단계는 한 스님이 세상으로 나아가 사람들을 만난다.

지눌은 이 10단계 중 5단계에 해당하는 '목우'를 자신의 호로 삼 았다. 그리고 실제로도 그런 삶을 살았다. 마치 소를 키우듯 조심스럽 고 정성스럽게 자신의 마음을 닦았다. 그는 일생에 3번의 깨달음을 얻었다고 전해진다. 한 번의 깨달음으로도 안주했을 법한데 그는 오 히려 수행에 더욱 매진하며 자신의 고유한 사상을 구축했다. 〈권수정 혜결사문〉이 변화의 바람을 불러일으킨 이론이었다면《수심결》에는 전 생애를 걸쳐 직접 실천한 그의 사상이 한층 깊어진 모습으로 담겨 있다.

1210년 지눌이 입적하자 고려 21대 희종은 '불일보조국사'라는 시호를 내렸다. 불일(佛日)은 부처님의 빛, 보조(普照)는 넓게 비춘다 는 의미다. 목우자라는 호가 지눌의 살아생전을 나타냈다면 시호는 지눌에 관한 후대의 평가를 보여준다. 지눌은 중국 불교를 흡수하면 서도 그들을 넘어서 한국 불교의 독자적인 기틀을 구축했고 그 영향 은 지금까지 넓게 비추고 있다. 현재 한국 불교의 대다수는 조계종이 다. 조계종은 선종을 중심으로 교종을 통합한 지눌의 영향을 받은 종 파다. 그래서 지눌을 조계종의 창시자로 보기도 한다. 고려 시대 이후 현재까지 많은 승려들이《수심결》을 읽으며 깨달음을 얻었다.

불교에서 자주 인용되는 바람과 깃발에 관한 일화가 있다. 바람 에 나부끼는 깃발을 보고 두 승려가 논쟁한다.

"바람이 흔들린다. 아니다. 깃발이 흔들린다."

그러자 스승이 말했다.

"흔들리는 것은 바람도 깃발도 아니다. 바로 너의 마음이다."

현대인에게 깨달음이란 단어는 너무 아득히 멀게만 느껴진다. 하지만 지눌이 《수심결》에서 말하는 깨달음은 마음공부다. 마음은 멀리 있지 않다. 내 안에 있다. 《수심결》은 고요히 내 마음의 흐름과 작용에 주목하는 마음공부에 관한 책이다.

함께 읽으면 좋은 책

- 《**수심결과 마음공부**》 법상, 불광출판사, 2023
- 《**수심결**》 우득스님 옮김, 뷰티풀마인드, 2023
- 《**도표로 읽는 불교 입문**》 이자랑 외, 민족사, 2016

18

일연
《삼국유사》
1281

가장 어두운 시기에 쓰인
가장 빛나는 책

일연(一然, 1206~1289)

고려 시대 승려. 1206년 경상북도 경산에서 태어나 9세에 출가하였다. 이후 여러 사찰에서 수행하며 불교 경전에 대한 깊은 이해와 소양을 쌓았다. 1276년에는 나라의 스승이라 불리는 국사(國師)에 임명되었다. 우리나라 고대사와 전설, 신화, 불교 관련 이야기를 수집해 《삼국유사》를 저술하였으며 현재 고대사를 이해하는 가장 중요한 자료로 평가받는다.

※ 주요 저서: 《게송잡저》 《조정사원》 《선문염송사원》

"아름다운 이 땅에 금수강산에 단군 할아버지가 터 잡으시고 홍익인간 뜻으로 나라 세우니 대대손손 훌륭한 인물도 많아."

대한민국 국민이라면 이 가사가 참 익숙하다. 어린 시절 한 번쯤 따라 불러봤을 〈한국을 빛낸 100명의 위인들〉이라는 노래의 첫 소절이다. '단군'과 '홍익인간'은 우리나라의 뿌리를 상징하는 단어다. 이 단군신화가 처음 문서상으로 기록된 책이 《삼국유사》다. 만약 《삼국유사》가 없었더라면 이 노래의 첫 소절은 바뀌었을지도 모른다.

《삼국유사》는 1281년 고려 후기, 승려 일연이 70대의 나이에 완성한 역사서다. 그는 불교의 나라 고려에서 국사로서 최고의 자리에 오른 승려였지만 우리에게는 오히려 승려가 아닌 《삼국유사》의 저자로서 더 알려져 있다. 승려였던 그는 늦은 나이에 왜 역사서인 《삼국유사》를 편찬했을까?

일연은 고려 희종 2년 1206년에 태어나 충렬왕 15년 1289년에 84세의 나이로 입적했다. 희종과 충렬왕, 언뜻 관련이 없어 보이는 이 두 임금의 시호가 그가 살았던 시대를 말해준다. 세계 역사상 가장 강력한 제국이었던 몽골 제국의 침략으로 고려의 임금은 조나 종을 쓸 수 없게 되었다. 그리고 왕의 시호 앞에는 원나라에 충성을 다한다는 의미로 충(忠)을 붙였다. 일연은 몽골 제국이 원나라로 국호를 바꾸고 고려를 집어삼켰던 그 시기를 살았다. 30년이 넘는 전쟁으로 백성들의 생활은 피폐해졌고 수많은 문화재가 파괴되었다. 고려의 왕은 원나라의 공주와 결혼해 부마국(사위의 나라)으로 전락했고 복식, 음식과 같은 일상의 사소한 부분도 몽골의 것을 따를 수밖에 없는 굴욕적인 시대였다.

일연의 어릴 적 이름은 견명(見明)이다. 어머니가 자신의 배에 햇빛이 비치는 꿈을 나흘간 꾸고 아이를 낳았다. 그래서 아이의 이름을 '밝음을 보는 아이'라는 의미에서 견명이라고 지었다. 참혹하고 암울했던 시기, 일연은 자신의 이름처럼 백성들에게 한 줄기 빛을 보여주고 싶었다. 고단한 삶을 살아가던 백성들에게 지금은 잠깐 어둡지만, 우리에게도 빛나는 역사와 문화가 있었음을 알려주고 싶었다. 그래서 한평생 전국 각지를 다니며 보고 듣고 기록했던 자료들을 모아 70세가 넘은 나이에 《삼국유사》를 집필했다. 거기에는 원나라에 짓밟힌 민족의 자부심을 회복하기를 바라는 일연의 간절한 마음이 담겨 있다.

《삼국유사》는 가장 어두운 시기에 쓰인 가장 빛나는 책이다.

◆ **고조선 건국 신화를**
최초로 기록하다

《삼국유사(三國遺事)》는 역사서라고만 단정 짓기에는 조금 독특한 면모를 가지고 있다. 제목부터 사(史)가 아니라 사(事)다. 역사를 뜻하는 사(史) 대신 일이나 사건을 뜻하는 사(事)를 썼다. 그리고 그 앞에는 '남기다' '전하다'라는 뜻의 유(遺)를 붙였다. 즉, 유사(遺事)는 '다른 역사서에 기록되지 못한 남겨진 이야기, 전해져 내려오는 이야기를 모았다'라는 의미다.

일연의 이런 의도는 책의 구성과 체제에서도 잘 드러난다.《삼국유사》는 총 2책 5권 9편으로 구성되어 있다. 9편을 다시 '역사서'와 '불교 문화서'로 나누어볼 수 있다. 연대표에 해당하는 〈왕력〉, 고조선부터 후삼국까지 역대 왕조에 관한 기록인 〈기이〉는 내용상 역사서에 가깝다. 그 이후 〈흥법〉부터 〈효선〉까지 6편은 불교의 전래와 발전, 주요 탑과 승려들의 행적, 불교적인 효와 선행에 관한 이야기 등 주로 불교에 관한 내용이다.

우리가 가장 주목해서 봐야 할 부분은 바로 〈기이〉편이다. 〈기이〉는 총 60여 개의 이야기가 1, 2편으로 나누어져 있으며《삼국유사》에서 가장 많은 비중을 차지한다. 삼국을 통일한 업적을 이루었던 문무왕을 기준으로 그 이전 고대 국가와 왕들을 〈기이 1편〉에, 그 이후 통일신라 경순왕 및 후삼국 시대까지를 〈기이 2편〉에 수록하고 있다. 이는 사마천이 쓴 역사서《사기》이후 역사서의 체제로 자리 잡은 기전체 중 〈본기〉에 해당한다고 할 수 있다. 그런데 편명이 〈본기(本紀)〉가 아니라 〈기이(紀異)〉다. 이(異)는 '다르다'라는 뜻이다. 〈기이〉는 '단순히 기이한 일을 기록했다'는 의미가 아니라 〈본기〉이지만 '조금 다른 내용의 〈본기〉'라는 의미다.

실제로 〈기이〉편에는 가야의 김수로왕, 고구려의 주몽, 신라의 혁거세 신화처럼 고대 국가의 흥망성쇠가 건국 신화를 중심으로 기록되어 있다. 또한 삼국 시대 이후 각 왕조를 이야기할 때도 일반 역사서처럼 왕의 업적을 조목조목 기술하지 않았다. 대신 한 왕대에 특정한 설화 하나를 짝을 묶어 그 시대를 부각하는 방법으로 서술하고 있다.

미추왕 때는 대나무 잎을 꽂은 의문의 병사들 덕분에 전쟁에서 큰 승리를 거둔 죽엽군 이야기가, 눌지왕 때는 일본에서도 끝까지 의리를 지킨 충신 김제상의 이야기가 함께 나온다. 심지어 법흥왕은 불교 전파를 위해 스스로를 희생한 이차돈의 이야기에 잠깐 조연으로만 출연하기도 한다. 유명한 '임금님 귀는 당나귀 귀' 이야기도 신라 48대 경문왕 때의 일이다. 진실을 밝히려는 사람과 그것을 감추려는 권력의 대립을 흥미로운 설화를 통해 보여주고 있다. 《삼국유사》는 단순한 신화나 설화 모음집이 아니다. 정치적이고 역사적인 사건을 신비로운 이야기 속에 풀어 넣었다. 일연은 학자이자 고승이자 타고난 이야기꾼이었다.

《삼국유사》의 첫머리는 단군신화다. 그동안 따로따로 구전되던 고조선 건국 신화를 하나의 이야기로 완성한 최초의 기록이다. 하늘의 아들인 환웅이 신단수 아래에 내려와 곰에서 사람으로 변한 여자와 결혼하여 단군을 낳았다. 단군은 고조선을 세웠고 우리 민족의 시조가 된다. 누군가는 '우리 민족이 곰의 후손이라고?'라며 장난스레 반문할지도 모르겠지만 신화는 그렇게 단순하지가 않다. 제정일치와 토테미즘이라는 고도의 상징과 역사적 함의가 담겨 있다. 읽는 이에게 무한한 상상의 나래를 펴게 한다.

김부식은《삼국사기》에서 우리나라의 기원을 한나라의 전성기인 기원전 57년으로 기록하고 있지만《삼국유사》는 단군신화를 통해 우리 민족의 기원을 4,000여 년 이상 앞당겼다.《삼국유사》의 첫장을 넘기자마자 등장하는 단군신화는 민중들을 단숨에 매료시켰다. 우리도 유구한 역사를 자랑하는 강한 민족임을 느끼게 했다. 오늘날《삼국유사》의 가치를 높이 평가하는 큰 이유 중 하나가 바로 이 '단군신화'다.

> 제왕이 일어날 때는 하늘의 명과 신비한 문서를 받는 것이 보통 사람들과는 다르다. 그런 뒤에 큰 변화가 있어 제왕의 지위를 얻고 대업을 이룰 수 있다. (중략) 그러므로 삼국의 시조가 모두 신비스럽고 기이한 데서 나온 것이 어찌 괴이하다 하겠는가? 이는 〈기이〉를 모든 편의 첫머리에 싣는 까닭이며 의도다.
>
> _〈기이 1편〉

〈기이〉의 서문이다. 일연이 왜 신화와 설화를 중심으로 역사를 기록했는지 그 의도를 잘 보여주는 문장이다. 중국 중심의 사대주의 시각에서 벗어나 우리 민족의 주체성과 긍지를 높이려고 한 일연의 자주적인 시각이 엿보인다. 그는《삼국사기》와 같은 기존 역사서들이 주로 중국의 문헌을 참고했던 것에 비해 비문, 고문서, 전각 등 우리나라 전통 자료와 문헌들을 다양하게 인용했다. 이는 오늘날 전해지지 않는 문헌에 대해서도 추측할 수 있는 귀중한 사료다.《삼국유사》속 수많은 신화와 설화는 당시의 사회, 지리, 민속, 사상 등 고대의 역사와 문화를 변형 없이 담고 있어 고대사 연구에 중요한 가치를 가지고 있다.

《삼국유사》는 역사 교과서뿐 아니라 국어 교과서에 가장 많이 수록된 고전 중 하나다. 이 책에는 문학 시간에 어김없이 등장하는 〈제망매가〉와 〈찬기파랑가〉〈구지가〉 등과 같은 향가 14수가 배경 이야기와 함께 실려 있다. 향가는 한자의 음과 뜻을 빌려 고대 우리 말을 표기했던 우리 고유의 시가 형식이다. 향가의 향(鄕)은 '시골'이란 뜻으로 중국이 아닌 '우리의 것'이라는 의미를 담고 있다. 향가는 《균여전》에 수록된 11수와 더불어 딱 25수만이 현재 전한다. 그만큼 고대 우리말의 모습을 원형 그대로 볼 수 있는 소중한 자료다. 신화에서 설화 그리고 향가까지 《삼국유사》는 빛나는 보석이 가득한 보물 창고다.

◆   **600년간 잊혔다가**
도쿄대 교재로 재조명

《삼국유사》의 이러한 내용들이 처음부터 빛나는 보석으로 대우받지는 못했다. 유교를 국교로 내세운 조선 시대에 승려가 지은 책은 관심 밖이었다. 오히려 조선의 유학자들은 《삼국유사》를 괴이하고 황당하여 믿지 못할 내용이라며 강하게 비판했다. 승려가 한가롭게 쓴 야담집 정도로 취급했다. 그 후 오랫동안 묻혀 있었던 《삼국유사》가 의외의 곳에서 재조명되었다. 1904년 도쿄제국대학에서 사학과 학생이 배울 교재 중 하나로 출간되었다. 을사늑약을 1년 앞둔 시점, 한민족의 뿌리와 정신을 지배하려면 이 책을 읽어야 한다고 생각했을까? 도쿄제국대학 사학과 교수들은《삼국유사》를 도쿠가와 이에야스 집안의 장서에서 발견했다. 바로 임진왜란 때 일본 장수들이 쓸어 간 수많은 조선의 책 중 하나였다. 최남선이 일본에서 간행된 《삼국유사》의 가치를 단번에 알아보고 1927년 우리나라에 소개했다.

"백천금을 주고도 구하기 어려운 진서"

최남선이《삼국유사》를 소개하는 잡지의 지면에 붙인 제목이다. 이를 계기로 국내에도《삼국유사》의 진가를 알아보는 사람들이 조금씩 생겨났다. 우리 민족 문화의 원형으로 불리는《삼국유사》가 일본 사학자와 친일파 문인이었던 최남선의 손에 의해 20세기에 다시 빛을 보게 되다니, 아이러니다. 우리말 번역은 1940년대에 와서야 최초로 진행되었고, 1972년에 비로소 완역본이 출간되면서《삼국유사》가 일반 대중들과 가까워졌다.

현재《삼국유사》는 국학 연구의 중심으로 열광적인 인기를 얻고 있다. 2003년에는 국보로 지정되었고, 2022년에는 유네스코 세계 기록 유산에 등재되었다. 아티스트 백남준은 "《삼국유사》는 인간의 판타지도 역사가 될 수 있다는 걸 보여주는 책"이라고 극찬했다. 수많은 논문과 일반 교양서, 영화, 만화, 뮤지컬 등 다양한 방식으로 재탄생하며 지금도《삼국유사》는 끊임없이 빛을 발하고 있다.

- 《**모든 책 위의 책**》 고운기, 현암사, 2020
- 《**삼국유사**》 김원중 옮김, 민음사, 2021
- 《**삼국사기와 삼국유사**》 정지영 편저, 보리, 2024

19

박지원
《열하일기》
1780

몰래 읽던 불온서적에서
걸작이 된 여행기

박지원(朴趾源, 1737~1805)

조선 시대 대표적인 실학자이자 문인. 호는 연암(燕巖)이다. 어려서부터 학문에 뛰어난
재능을 보였으나 스스로 과거 시험에 백지를 제출하고 관직에 나아가기를 포기했다. 이
후 박제가, 유득공 등 여러 실학자들과 교류하며 사회 개혁에 관심을 가졌다. 특히 문학
적 재능이 뛰어나 풍부한 표현으로 여러 편의 소설을 남겼으며 조선 후기 양반 사회의
가식과 부패를 통렬히 비판했다.

※ 주요 저서: 《연암집》 《예덕선생전》 《열녀함양박씨전》

"조선 500년 역사에서 퇴계, 율곡의 도학(道學)과 충무공의 용병(用兵)과 연암의 문장, 이 3가지가 나란히 특기할 만하다."

대한 제국 시기부터 일제 강점기를 살았던 문인 김택영의 말이다. 그가 조선 최고로 꼽은 3가지 중 이황과 이이가 이룬 성리학적 성과, 이순신 장군이 임진왜란에서 세운 업적에는 고개가 끄덕여진다. 하지만 '연암의 문장'에는 고개를 갸웃하게 된다. 과연 연암의 문장이 무엇이기에 나머지 둘과 어깨를 나란히 할 수 있을까?

여기서 연암의 문장은 바로 박지원의 《열하일기》를 가리킨다. 박지원은 조선 후기 영조와 정조 시대를 살았던 인물이다. 박지원은 젊은 시절 은거하던 황해도의 연암협에서 이름을 따 '연암'을 자신의 호로 삼았다. '연암'은 제비 바위라는 뜻이다. 옛 선인들은 자신이 사는 공간에도 애정을 품고 호로 삼는 경우가 많았다. 《열하일기》는 그가 44세에 청나라를 다녀와서 쓴 기행문이다. 《열하일기》는 완성되기도 전에 그 일부가 주변에 알려지면서 필사본 형태로 빠르게 퍼져나갔다. 양반, 상민을 가리지 않고 너도나도 읽고 싶어 한 책으로 18세기 조선 후기를 들썩이게 만들었다. 당시 중국에 가는 사신 행차는 해마다 세 차례가 있을 정도로 빈번했고 그만큼 청나라를 다녀와서 쓴 기행문들도 100종이 넘었다. 그런데 유독 박지원의 《열하일기》가 인기가 많았던 이유는 무엇일까?

《열하일기》는 화제작이자 문제작이었다. 현대에 《열하일기》를 연구하는 학자들은 《열하일기》를 무지개 혹은 비빔밥에 비유한다. 무지개와 비빔밥의 공통점은 바로 다채로움이다. 한 번에 여러 가지 색과 맛을 느낄 수 있는 데다 한데 어우러져 뿜어내는 독특한 흥취까지, 이것이 《열하일기》가 가진 매력이다. 미지의 세계에 대한 자세한 묘사, 깊은 철학적 사유, 유머와 재미 등이 소설, 논설문, 한시와 같은 다양한 장르에 녹아들어 있다. 당시 사람들은 웃고 울고 공감하고 경탄하며 《열하일기》를 읽었다.

하지만 그와 동시에 《열하일기》는 '빨간책'이었다. 정조는 나라를 어지럽히는 문제적 문체로 박지원의 《열하일기》를 콕 집었다. 《열하일기》가 인기가 많아지자 그의 글 쓰는 스타일까지 '연암체'라고 불리며 유행하기 시작했던 것이다. 《열하일기》는 일종의 '몰래 읽는 불온서적'이 되었다. 당시 조선 사회가 오랑캐 나라라고 멸시했던 청나라의 연호를 거리낌 없이 그대로 쓰거나 양반의 허위의식을 신랄하게 비판하는 등의 내용은 인기와 함께 수많은 논란을 불러일으켰다. 박지원의 손자이자 고종 때 우의정을 지낸 박규수는 할아버지의 문집을 간행하자는 주변의 권유에도 "공연히 말썽을 불러일으킬 염려가 있다"며 거절했다. 손자도 조심스러웠을 만큼 《열하일기》는 뜨거운 감자였다. 그래서 《열하일기》는 오랫동안 손으로 베껴 쓰는 형태의 필사본으로만 유통되다가 20세기 초, 1911년에서야 활자로 간행되었다.

하찮은 것에서 발견한 위대한 지혜

일정한 관직이 없이 지내던 박지원은 1780년 44세의 나이에 청나라 땅을 밟게 되었다. 박지원의 팔촌 형쯤 되는 박명원이 청나라 황제인 건륭제의 70세 생일을 축하하기 위해 꾸려진 청나라 사신단의 최고 책임자였다. 박명원의 배려로 사신단에 합류하게 된 박지원은 일정한 임무를 맡은 것이 아니었기 때문에 더 자유롭게 청나라의 이모저모를 살펴보고 다양한 기록을 남길 수 있었다. 《열하일기》의 열하는 북경보다 약간 위쪽에 있는 도시로 당시 청나라 황제의 여름 피서지였다. 조선 사신단의 원래 도착지는 북경이었다. 하지만 건륭제가 고희 잔치를 열하에서 열게 되어 부랴부랴 열하까지 가게 된 것이다. 그동안 북경을 다녀온 조선인은 많았지만 열하까지 다녀온 사람은 없었다. 그 특별한 여정을 박지원은 제목으로 삼았다. 박지원에게 열하는 하나의 도시 이름이 아니라 '새로운 세계' 그 자체의 의미를 지녔다.

《열하일기》의 전반부는 시간 순서대로 여행의 여정을 기록했다. 각 편마다 그가 거쳐 갔던 장소의 이름을 넣어 제목으로 삼았다. 〈도강록〉 〈성경잡지〉 〈관내정사〉 등은 압록강을 건너 청나라의 옛 수도였던 성경(심양)을 거쳐 만리장성의 관문인 산해관을 지나 북경에 도착한 이야기들이다. 북경에서 다시 열하를 오고 갔으며 북경과 열하에서 체험하고 보고 들은 일들을 따로 주제별로 기록하여 후반부에 실었다. 요술 이야기 〈환희기〉, 피서 산장에서 겪은 여러 가지 일 〈산장잡기〉 등이 여기에 해당한다.

박지원은 여정의 초반 요동 벌판이 시작되는 지점에 이르러 갑자기 '울음'에 대해 말한다. 10일 동안 가도 산이 보이지 않는다는 드넓은 평야를 보고 보통 사람이라면 '넓다' '광활하다'라고 했겠지만 박지원은 자신의 감정을 단편적으로 표현하지 않았다. "한바탕 울기 좋은 곳이구나!"라고 말했다.

사람들은 단지 인간의 칠정(七情) 중에서 오로지 슬픔만이 울음을 유발한다고 알고 있을 뿐 칠정이 모두 울음을 자아내는 줄은 모르고 있네. 기쁨이, 분노가, 즐거움이, 사랑이 극에 달하면 울음이 날 만하지. 막히고 억눌린 마음을 시원하게 풀어버리는 데 소리를 지르는 것보다 더 빠른 방법은 없네.

_〈7월 8일〉

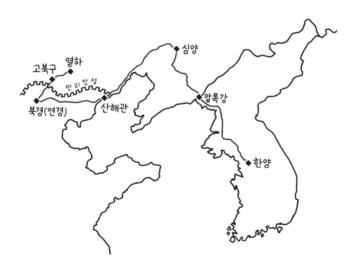

박지원의 여행길. 그는 여행지 지명을 《열하일기》의 각 편 제목으로 삼았다.

《열하일기》에서 자주 인용되는 부분 중 하나인 '호곡장론(好哭場論)'이다. '울기 좋은 곳에 대한 논의'라고 따로 제목을 붙여주었을 정도로 많은 사람들이 이 부분을 명문으로 꼽는다. 확 트인 곳을 만나 마음이 벅차오르니 박지원은 울음으로 시원하게 감정을 쏟아내고 싶었다. 울음이 꼭 슬픔과만 짝짓는 행위가 아니라는 것을 말한 뒤 박지원은 다시 갓난아기의 울음에 대해 말한다.

갓난아기가 태어나자마자 우는 까닭은 어둡고 좁은 엄마의 배 속에서 환하고 넓은 세상으로 나왔기 때문이라고 한다. 여기서 갓난아기는 박지원 자신이다. 그는 답답하고 억압된 조선에서 벗어나 넓고 자유로운 세계를 마주하니 다양한 감정이 북받쳤다. 마치 막 새로운 세상을 만난 갓난아기가 된 기분이었을 것이다. 《열하일기》는 단순한 여행기가 아니다. 우리가 당연하게 생각했던 것들에 대해 질문을 던지고 인식의 전환을 유도한다.

박지원의 의외성과 참신한 시각은 '장관론(壯觀論)'에서도 잘 드러난다. 청나라 여행 중 박지원이 뽑은 최고의 장관은 높이 솟은 탑도 화려한 궁궐도 아닌 '깨진 기와 조각'과 '똥거름'이었다.

중국 제일의 장관은 저 기와 조각에 있고 저 똥 덩어리에 있다.

깨진 기와 조각은 천하에 쓸모없는 물건이다. 그러나 민간에서 담을 쌓을 때 어깨높이 이상은 깨진 기와 조각을 둘씩 짝을 지어 물결무늬를 만들고 네 조각씩 안으로 합하여 동그라미 무늬를 만든다. 깨진 기와 조각을 내버리지 않아 천하의 무늬를 여기에 다 새길 수 있다.

똥오줌은 세상에서 가장 더러운 물건이다. 그러나 이것이 밭에 거름으로 쓰일 때는 금덩어리처럼 아끼게 된다. 길에 한 덩어리도 흘리지 않게 되고 말똥을 모으는 자는 삼태기를 들고 말 꼬리를 따라다닌다. 똥 덩어리만 관찰해도 천하의 제도가 모두 갖추어졌음을 알 수 있었다.

그러므로 나는 말하리라. 기와 조각, 똥거름이 장관이라고. 어찌 성곽, 궁궐, 연못, 환상적인 풍경만이 장관이겠는가!

_〈7월 15일〉

박지원은 북경에서 멀리 떨어진 변두리 지역도 화려하게 잘사는 모습을 보고 청나라의 발달한 문명에 질투심을 느낄 만큼 압도되었다. 그는 박제가, 이덕무, 홍대용 등과 함께 북학파에 속한다. 청나라는 오랑캐로 배척해야 할 대상이 아니라 배워야 할 대상이라고 생각했다. 박지원은 북학파들과 자주 어울리며 생활 도구를 이롭게 쓰고 백성의 생활을 풍요롭게 하는 '이용후생'에 관심을 가졌다. 그런 박지원에게 깨진 기와 조각으로 멋진 무늬를 만들고, 똥오줌을 밭에 거름으로 쓰는 청나라 사람들의 모습은 '이용후생'의 정신을 가장 잘 보여주는 장엄한 경관이었다. 박지원은 가장 하찮은 것에서 가장 위대한 지혜를 발견하는 안목을 가졌다.

박지원은 어릴 때 우울증과 불면증에 시달렸다고 한다. 명문가 태생에 재능까지 타고난 인물이었지만 그는 과거 시험을 보러 갔다가 백지를 내고 돌아왔다. 틀에 박힌 제도권에 속하기를 온몸으로 거부했다. 박지원은 길거리로 나가 일반 백성들과 어울리면서 우울증과 불면증을 치료했다. 신분을 초월하여 다양한 사람들을 만나면서 소통하고 이야기를 수집했다. 그의 남다른 통찰력과 뛰어난 문장력은 이런 경험을 토대로 만들어졌다.

《열하일기》에는 박지원의 유명한 소설 〈허생전〉과 〈호질〉이 수록되어 있다. 그는 여행 중에 누군가에게 들었다거나 우연히 들른 가게 담벼락에 쓰인 글을 베꼈다고 했지만 이 소설들은 그의 창작물일 가능성이 크다. 〈호질〉에서는 허위의식에 사로잡힌 양반들을 아주 우스꽝스러운 모습으로 희화화한다. 〈허생전〉에서는 조선 사회의 취약한 경제 구조를 적나라하게 보여준다. 진지하고 무거운 주제를 풍자와 해학이라는 문학적 서술 방식을 통해 박지원답게 전달한다.

조선 사람들이 열광한 통쾌한 B급 문화

여행 말미에 열하에서 북경으로 돌아온 박지원은 자신의 방으로 역관들을 불러 술자리를 마련했다. 여러 사람들이 그가 항상 가지고 다니는 보따리에 무엇이 들어 있는지 궁금해하자 그는 짐을 풀어 사람들에게 보여주었다. 보따리에는 붓과 벼루, 필담했던 종이와 틈나는 대로 일기를 적은 종이 뭉치만 가득 있었다.

《열하일기》는 그냥 만들어지지 않았다. 박지원은 의도적으로 여러 사람과 만났다. 청나라 사람들과 말은 통하지 않았지만 한자를 써서 이야기를 나누었다. 바쁘고 피곤한 와중에도 말 위에서 보고 들은 것을 모두 기록하려 했고 이리저리 고민하고 생각을 풀어냈다. "문자로 쓰지 못한 글자는 가슴속에 쓰고 문장을 허공에 썼으니 매일 여러 권이 되었다"고 스스로 고백했다. 같은 북학파였던 홍대용을 과학자, 박제가를 경세가라 한다면, 박지원은 문장가다. 박지원은 뛰어난 문장 솜씨로 재밌지만 가볍지 않게, 진지하지만 무겁지 않게 조선 사회에 메시지를 던졌다.

《열하일기》는 지금의 B급 문화와 닮았다. 엄숙함 대신 유머가 있고 주류가 아닌 비주류에서 발견하는 통쾌함이 있다. 이런 매력이 기득권층에게는 받아들여지지 못했지만 당시 사람들을 열광하게 했다. 청나라를 조선보다 뒤떨어진 나라로 생각했던 조선 사람들에게 세계를 보는 시각을 넓혀주었고 낡은 사고방식을 일깨워주었다. 박지원의 글은 실학자들의 개혁 사상에 많은 영향을 주었으며 특히 손자인 박규수를 거쳐 구한말 개화파 사상으로 이어졌다.

당시 사람들은《열하일기》를 읽으며 미지의 세계인 열하까지 가는 모험을 함께했다. 이제는 우리가《열하일기》를 통해 박지원이 간 생각의 여정을 따라갈 차례다.

함께 읽으면 좋은 책

- 《**열하일기 1~3**》 김혈조 옮김, 돌베개, 2017
- 《**열하일기 첫걸음**》 박수밀, 돌베개, 2020
- 《**열하일기, 웃음과 역설의 유쾌한 시공간**》 고미숙, 북드라망, 2023

20

김구
《백범일지》
1947

한국 근현대사의
보물로 남은 국민 고전

김구(金九, 1876~1949)

호는 백범(白凡)으로 독립운동가이자 대한민국 임시 정부 주석을 지낸 인물이다. 동학 농
민 운동, 애국·계몽 운동에 참여하였으며 1919년 중국으로 망명하여 임시 정부에 합류
했다. 한인애국단을 조직하여 이봉창, 윤봉길 등의 의거를 계획하고 지원했다. 1945년
광복 이후에도 자주독립과 남북통일 정부 수립을 위해 노력했으나 1949년 경교장에서
암살당했다.

1947년 출간된 초판본《백범일지》의 표지를 보면 우리가 그동안 막연히 가졌던《백범일지》에 대한 오해 몇 가지를 풀 수 있다. 표지에는 한자로 '金九 著, 金九 自敍傳, 白凡逸志'라고 적혀 있다. '김구 저, 김구 자서전, 백범일지'다.

많은 사람들이《백범일지》의 '일지'가 일기처럼 매일매일 기록한 일지(日誌)라고 오해한다. 하지만 한자에서 알 수 있듯이 일지(日誌)가 아니라 일지(逸志)다. 일지(逸志)란 숨겨진 뜻, 알려지지 않은 뜻이라는 의미다.《백범일지》는 김구가 직접 지은 책으로, 제목 그대로 '알려지지 않은 자신의 이야기를 담은 책'이다.

흔히《백범일지》를 위인전으로 오해한다. 하지만《백범일지》는 '위대한 인물의 위대한 이야기'가 아니라 '평범한 아버지의 살아온 이야기'에서 출발했다.《백범일지》는 원래 두 아들에게 남기는 유서의 목적으로 쓰였다.《백범일지》는 상권과 하권으로 나누어지는데, 쓰인 시기도 쓰인 목적도 다르다.

김구는 1928년 53세에 상권을 쓰기 시작했다. 그는 상해 임시 정부에서 독립운동을 하며 항상 생명의 위협을 느끼며 살았다. 두 아들 신과 인은 이제 10세, 7세의 어린아이였다. 아내는 상해에서 죽었고 두 아들은 할머니와 함께 본국에서 생활하고 있었다. 그런 상황에서 유서의 성격으로 자신의 어린 시절부터 겪어온 이야기를 기록으로 남겼다. 함께 있어주지 못한 아버지의 미안한 마음과 자신이 죽어도 아버지를 기억해주기를 바라는 마음을 담아 글을 쓰기 시작했다. 그때는 그 글이 상권이 될지 몰랐고 제목도 두 아들에게 보내는 글이라는 의미에서 '유양아서'였다.

그 글이 이후 하권과 합쳐져 지금의 《백범일지》가 되었다. 하권은 1941년 66세에 쓴 것으로 상해 도착 이후 임시 정부에서 독립운동을 했던 과정을 기록한 것이다. 지극히 개인적인 목적에서 출발했지만 시간이 지나 김구가 가지는 영향력이 높아지면서 그의 기록은 체계적으로 정리되고 공적인 의미를 가지게 되었다.

김구가 친필로 작성한 《백범일지》는 국한문 혼용체로 되어 있다. 기본적인 조사를 제외한 대부분이 한자로 쓰였다. 이 친필본을 현대적 한글 철자법에 맞게 윤문하여 1947년 국사원이라는 출판사에서 정식 출간했다. 이때 1945년 한국에 돌아온 뒤의 일과 김구의 신념을 담은 글로 유명한 〈나의 소원〉이 추가되었다.

지금 출간되는 다양한 《백범일지》는 이 초판본을 바탕으로 하고 있다. 김구와 유족들은 이 초판본에 대한 저작권을 모두 열어놓았다. 현재까지 출간된 《백범일지》는 200종이 넘는다. 《백범일지》는 최초로 출간된 이후 지금까지 수많은 사람들에게 읽혀왔고, 앞으로도 읽힐 '국민 고전'이다.

오직 한없이 가지고 싶은 것은 높은 문화의 힘이다

김구는 멀리 떨어져 지내는 두 아들에게 집안 내력과 어린 시절을 이 야기하면서 글을 시작한다. 그 기록은 과시나 자랑이라기보다 오히 려 자기 고백에 가깝다. 자신의 인간적인 모습을 그대로 담았다. 어 린 시절 김구는 부모님 몰래 큰돈으로 떡을 바꿔 먹으려다가 아버지 에게 죽도록 맞은 개구쟁이였다. 영국 소설가 조지 오웰은 "회고록의 신뢰성은 치부를 공개할 때 확보된다"라고 말했다. 《백범일지》가 널 리 사랑받는 이유는 그런 진솔함에 있다.

지금 남아 있는 김구의 사진 중 가장 오래된 사진은 31세에 광진 학교에서 교사로 근무하던 시절, 학생들과 함께 찍은 사진이다. 이 사 진을 보면 한복과 양복, 망건과 중절모, 단발과 장발이 모두 뒤섞여 있다. 이 사진 한 장이 김구가 살았던 1876년부터 1949년까지가 얼 마나 많은 것들이 급변한 역동의 시대였는가를 잘 보여준다. 한복에 서 양복으로, 한자에서 한글로, 조선 시대에서 대한 제국을 거쳐 일제 강점기로, 입고 먹고 말하고 생각하고 사는 곳까지 모든 것이 뒤바뀌 던 시대였다. 김구의 삶은 한국 근현대사의 굵직한 사건들과 함께한 다. 《백범일지》에서는 그가 굴곡진 사건들을 경험하며 방황하고 고 민한 모습을 여실히 볼 수 있다. 무엇이 그의 삶을 바꾸는 터닝 포인 트였는지, 그의 사상과 정체성을 달라지게 했는지 알 수 있다.

김구의 이름은 원래 김창암이다. 김창암은 '방황하는 소년'이었 다. 김창암은 친척 어른이 상견례를 가려고 갓을 썼다가 양반도 아닌

상놈이 갓을 썼다는 이유로 양반들에게 몰매를 맞았다는 이야기를 듣게 된다. 상놈과 양반의 차별에 울분이 가득했던 김창암은 과거 시험을 준비하지만 각종 비리와 부패로 이미 아수라장이 된 과거 시험장을 목격하고 포기한다. 그 뒤 평등사상에 매료되어 동학에 입교한다. 이때 이름을 김창암에서 김창수로 바꿨다.

김창수는 '피 끓는 젊은이'였다. 동학을 포교하며 동학 농민 운동에서도 크게 활약하지만 내부 분열로 동학 농민 운동은 실패로 끝났다. 1895년 10월 일본의 낭인들이 명성 황후를 시해한 을미사변이 있었다. 김창암은 1896년 황해도 치하포에서 국모의 원수를 갚기 위해 일본인 스치다를 살해했다. 그의 나이 불과 21세였다. 그는 이 사건으로 투옥되었다. 감옥에 있는 동안 김창수는 책을 통해 신지식을 접했고 문맹이었던 죄수들에게 글을 알려주었다. 1898년 김창수는 탈옥을 감행했다. 이후 전국을 방랑했고 불교에 귀의해 스님이 되기도 했다.

25세에 이름을 김구(龜)로 바꾸었다. 2, 30대의 김구는 '꿈꾸는 교육자'였다. 치하포 의거로 투옥되었을 때 접했던 신지식과 죄수들에게 교육을 담당했던 경험들이 김구를 학교의 교사로 만들었다. 고향 황해도 장련 공립소학교의 교원으로, 양산학교의 교장으로 교육 운동을 활발히 펼쳤다. 환등기(슬라이드)를 들고 저녁마다 동네를 돌아다니며 김구가 외친 문구는 "양반도 깨어라! 상놈도 깨어라!"였다. 이런 활동들은 훗날 김구가 교육과 문화의 중요성을 깨닫고 강조하는 데 큰 기반이 되었다.

1910년 한일 합방 이후 일본의 민족 말살 정책은 더욱 노골적으로 변했다. 일본 경찰은 600여 명의 애국지사들을 검거했다. 김구도 이때 항일 비밀 결사 조직 신민회에 참석했다는 이유로 혹독한 고문을 받는다.《백범일지》에는 고문의 방법과 받았을 때의 심경이 자세히 묘사되어 있다. 가혹한 고문과 함께 굶김을 당할 때는 점점 인간의 성정은 사라지고 짐승의 본능만이 남는 기분이라고 했다. 하지만 김구는 오히려 "몸은 욕보일 수 있을지언정 정신은 뺏을 수 없다"고 소리쳤다. 자살을 생각할 만큼 힘들고 모진 투옥 생활을 견디며 김구는 '백범'이 되었다. 왜의 호적에 실린 구(龜)를 대신해 구(九)로, 한자를 바꾸고 호를 백범으로 고쳤다.

백범(白凡)은 조선에서 가장 천민이었던 '백정'과 평범한 사람이란 뜻의 '범부'를 합친 말이다. 김구는 자신을 '가장 낮고 가장 평범한 한 명의 사람'이라 칭했다. 그는 백정이나 범부 할 것 없이 누구든 애국심을 가져 우리나라가 완전한 독립국이 되길 바랐다. 김구는 복역 중 뜰을 쓸 때나 유리창을 닦을 때 하느님께 이렇게 빌었다.

'우리도 어느 때 독립 정부를 건설하거든 나로 하여금 그 집의 뜰도 쓸고 창도 닦는 일을 해보고 죽게 해달라.'

1919년 백범 김구는 임시 정부에 참여하기 위해 상해로 망명했다. 임시 정부 원년 경무국장이 된 김구는 '굳건한 독립운동가'로서의 삶을 살아갔다. 길어지는 일제 강점기에 함께 독립운동을 했던 동지들도 하나둘 일제의 앞잡이가 되고 임시 정부는 이렇다 할 성과 없이 정부라는 이름마저 지키기 어려운 상황이었다.《백범일지》에는 이 시기를 "해 지는 외딴 성에 슬픈 깃발 날리듯 암담한 시기"라고 기록하고 있다.

이런 상황에서 1932년 일어난 이봉창 의사와 윤봉길 의사의 의거는 임시 정부가 기사회생하는 계기가 되었다. "인생의 목적이 쾌락이라면 31년 동안 대강 맛보았으니 영원한 즐거움을 얻기 위해 독립운동에 몸을 던지겠다"는 이봉창, 의거 직전 김구와 시계를 서로 교환하며 이제 자신에게는 1시간만 남았다는 말을 남긴 윤봉길. 두 의사의 의거 덕분에 임시 정부의 독립운동은 해외에 존재감을 드러내게 되었다. 미주, 멕시코, 하와이 등 해외 동포로부터 지지와 성금을 받았다. 하지만 일본이 세력을 중국 대륙으로 확대함에 따라 임시 정부는 상해를 떠나 여러 곳으로 옮겨 다녀야 했다. 1935년 주석으로 선출된 김구는 항저우, 난징을 거쳐 충칭에 정착하기까지 어려운 시기에 임시 정부를 이끌었다.

1940년에 김구는 한국광복군을 조직해 전문적인 군사 훈련에 돌입했다. 1945년 국내 진입 작전을 통해 우리 손으로 독립을 이루어내려던 목적은 8월 15일 갑작스러운 일본의 항복 선언으로 좌절되었다. 김구는 일본의 패망 소식을 듣고 오히려 하늘이 무너지고 땅이 꺼지는 느낌이었다고 기록했다. 김구의 우려대로 우리 손으로 쟁취하지 못한 독립의 대가는 남북 분단이라는 아픔이었다. 미국과 소련의 개입으로 대한민국 임시 정부의 내각과 정책이 계승되지 못했다. 김구도 그해 11월 임시 정부의 주석이 아닌 개인 자격으로 귀국했다.

1945년 본국으로 돌아온 후 김구는 '통일 정부 수립을 위해 노력한 정치가'였다. 하지만 안타깝게도 1949년 안두희에 의해 암살되었다. 그의 정치가로서의 신념은 〈나의 소원〉이라는 글에 잘 나타나 있다. 그의 소원은 '대한의 완전한 자주독립'이었고 그가 원하는 나라는 사상의 자유가 확보되고 국민 교육이 잘 갖추어진 문화의 나라였다.

우리의 부(富)는 우리 생활을 풍족히 할 만하고, 우리의 힘은 남의

침략을 막을 만하면 족하다. 오직 한없이 가지고 싶은 것은 높은 문

화의 힘이다.

_〈나의 소원〉

어지럽고 혼란한 시대
어떤 삶을 살아야 하는가

김창암과 김창수에서 김구로 그리고 백범이라는 호를 가지기까지 김
구는 교육자였고 독립운동가였으며 정치가였다. 그의 이름과 역할이
바뀌었듯《백범일지》도 다르게 읽힌다.《백범일지》는 아버지의 유서
이자 독립운동가의 기록이었고 죽어간 독립운동 동지들에게 바치는
글이었으며 민족에게 당부하는 글이었다.

김구가 접했던 동학, 서학, 불교, 의병 활동, 교육 사업 등 다양한
경험과 사상들은 그가 교육과 문화를 강조하는 정치 신념을 가지는
데 큰 바탕이 되었다. 마치 현재를 예견한 듯 '문화의 힘'을 강조한 부
분은 지금도 회자되고 있는 유명한 구절이다.《백범일지》는 개인의
기록이지만 한국 근현대사를 알 수 있는 중요한 역사적 사료이며 발
간 50주년이었던 1997년 보물로 지정되었다.

눈 덮인 들판을 걸어갈 때
함부로 어지러이 걷지 말라.
오늘 내가 디딘 발자국은
언젠가 뒷사람의 길이 된다.

1948년 안중근 의거 기념일에 김구가 쓴 시다. 어지럽고 혼란한 시대에 어떤 삶을 살아야 하는지, 어떤 발자국을 후손에게 남겨야 하는지 김구는 《백범일지》를 통해 잘 보여주고 있다. 완전한 자주 독립과 통일 조국을 원했던 그의 소원은 우리가 아직 풀지 못한 현시대적 과제이기도 하다. 그래서 《백범일지》는 현재 진행형인 고전이다.

함께 읽으면 좋은 책

- 《**백범일지**》 도진순 옮김, 돌베개, 2005
- 《**초판본 백범일지**》 양윤모 옮김, 더스토리, 2019
- 《**청소년을 위한 백범일지**》 신경림 편저, 나남, 2016

5장

★

알면 저절로
감탄하게 되는
한국
대표 고전

21

이황
《성학십도》
1568

10장의 카드 뉴스로 끝내는
성리학의 모든 것

이황(李滉, 1501~1570)

조선 시대 대표적인 유학자. 자는 경호(景浩), 호는 퇴계(退溪)이다. 1534년 문과에 급제

하여 관직에 진출했으나 관직 생활보다는 학문 연구와 교육에 더 큰 관심을 가졌다. 관

직에서 물러난 후 고향으로 돌아가 도산 서원을 세우고 학문 연구와 후학 양성에 전념하

였다. 그의 학문은 '퇴계학'으로 불리며 조선 성리학을 한 단계 발전시켰다.

※ 주요 저서: 《주자서절요》《도산십이곡》

누구나 '이황'을 알지만 아무도 '이황'을 모른다. 이 반어가 성립할 수 있는 이유는 그가 천 원권 지폐 속 인물이기 때문이다. 그만큼 유명하지만, 그가 누구인지 명확히 아는 사람은 드물다.

이황의 호는 퇴계다. 이름은 태어난 아이를 위해 주변 사람들이 지어주는 것이지만 호는 자신이 직접 정한다. 그래서 호에는 그가 좋아하는 것, 추구하고자 하는 가치관이 드러난다. 이황은 40대 중반에 관직을 내려놓고 고향 토계로 내려와 생활했다. 토계를 퇴계로 고치고 자신의 호로 삼았다. 퇴계(退溪)는 '시냇가로 물러나 산다'는 의미다. 호에서 알 수 있듯이 그는 관직에 나아가 뜻을 펼치기보다 고향에서 학문을 연구하며 제자들을 가르치는 데 많은 시간을 쏟았다. 실제로 임금은 계속 벼슬을 내리고 그는 병을 핑계로 사직한 횟수만 20차례가 넘는다고 한다. 이는 이황 자신의 뜻이기도 했지만, 시대가 그를 그렇게 만든 것이기도 했다.

이황은 1501년에 태어나 1570년에 죽었다. 연산군, 중종, 인종, 명종, 선조까지 5명의 임금이 교체되던 불안정한 시기였다. 그리고 '사화'의 시기였다. 사화는 훈구파에 의해 사림들이 당한 화를 말한다. 조선 전기 지배 세력을 '훈구'라고 한다. 주로 조선 건국에 참여했거나 세조 왕위 찬탈에 가담하여 권력을 장악한 세력이다. 조선 중기에 이르러 이 세력은 고인 물이 되었다. 그들의 부정부패가 절정에 다다르자, 견제 세력으로 사림이 등장한다. '사림'은 고려 말부터 지방에 은거하며 학문에 정진한 성리학자들로 조선 중기 이후 과거를 통해 정계에 본격 진출한다. 그러자 훈구 세력은 네 차례 걸친 대규모 사화를 일으켜 사림들을 몰아낸다. 이황은 훈구파와 사림파의 피비린내 나는 갈등을 몸소 겪었다. 을사사화로 자신의 벗과 친지들이 죽임을 당하는 것을 두 눈으로 목격했다. 이런 혼란함 속에서 그는 정치 참여에 환멸을 느꼈거나 아직 때가 오지 않았음을 직감했을 것이다.

이황은 노력파 대기만성형 인물이다. 24세부터 도전한 과거 시험에서 3번이나 낙방했고 34세에야 문과에 급제한다. 그러나 이황은 자신만의 속도대로 계속 학자의 길을 갔다. 천천히 시간을 두고 쌓아올린 그의 학문은 출세를 위한 공부가 아니라 인격 완성을 위한 공부였다. 그리고 말년에 《성학십도》로 그 결실을 맺는다. 68세 노학자가 17세 어린 왕에게 올린 글, 《성학십도》는 이황의 마지막 저술이자 전 삶에 걸친 사상의 결실이었다.

◆ 성리학의 주요 개념을 10개의 그림으로 정리하다

1567년, 선조가 즉위하자 이황은 상소를 올리고 경연에서 강의한다. 경연이란 왕에게 유학을 강연하는 것이다. 훈구와 사림의 갈등 사이에 놓이게 된 17세의 어린 임금에게 결단을 촉구하는 의도가 있었다. 처음에는 〈무진육조소〉라는 긴 상소문을 올렸다. 하지만 이 상소문은 어린 왕이 이해하기 어려웠고, 선조의 별다른 관심을 얻지 못했다. 다시 고향으로 내려온 이황은 심혈을 기울여 10개의 그림에 해설을 붙여 만든 《성학십도》를 지어 올린다. 요즘으로 말하면 이미지와 글이 적절히 섞인 일종의 카드 뉴스다. 《성학십도》는 '10장의 카드 뉴스로 끝내는 성리학의 모든 것' 정도가 되겠다. 선조는 이 책을 보고 이황에게 "병풍과 작은 장첩을 만들어 자주 보고 경계하겠다"는 답장을 보냈으며 학자들에게 연구하여 경연하도록 명령을 내렸다.

《성학십도》의 성학(聖學)은 성인이 되기 위한 학문을 가리키며 십도(十圖)는 10가지 그림을 뜻한다. '성인'이란 유학에서 말하는 최고의 경지로, 여기서는 성리학적 진리에 통달한 사람을 의미한다. 성인은 단순히 진리를 잘 아는 사람을 넘어 생각하지 않아도, 힘쓰지 않아도, 그 도를 저절로 실천하는 질적 변화를 이룬 단계다. 마치 그윽한 향기를 내뿜어 주위를 감화시키는 난초가 정작 스스로는 향기를 내고 있는 줄 모르는 것처럼 말이다.

'십도'는 엄밀히 말하면 그림보다는 도식, 도표에 가깝다. 지금의 마인드맵과 비슷하다. 10개 중 7개는 기존 학자들의 것을 인용했고, 〈심통성정도〉 일부와 〈소학도〉 〈백록동규도〉 〈숙흥야매잠도〉 3개는 이황이 직접 그렸다. 그림에 대한 선현들의 설명을 정리하여 기록하고 자신의 설명도 덧붙였다. 심오한 성리학의 주요 개념들을 도형과 선을 활용하여 한눈에 볼 수 있도록 구조화했다. 성리학에 관해 전반적으로 깊게 이해한 사람이 아니라면 불가능한 작업이었다. 대학자로서 이황의 학문적 성과가《성학십도》한 권에 담겼다.

10개의 그림은 내용상 전반부와 후반부로 나누어진다. 전반부 5개의 그림이 인간 외부인 우주의 원리와 인간의 도리를 설명하고 있다면 후반부 5개의 그림은 인간 내부인 마음과 본성을 설명하고 있다. 크게 보면 인간과 만물이 생성되는 거대한 철학적 이론에서부터 하루 동안 지켜야 할 구체적인 실천적 법칙까지 깔때기 구조를 하고 있다.

1번 그림〈태극도〉에서는 5개의 원으로 우주의 원리를 설명하고 있다. 태극에서 음과 양, 그리고 오행의 변화를 통해 인간과 만물이 생겨나는 과정을 그렸다. 성리학에서 말하는 '우주'는 현재 천문학에서 이야기하는 행성과 별의 공간이 아니라 인간이 살고 있는 세계와 그 세계를 인식하는 세계관을 말한다. 태극무늬의 음과 양이 서로 맞

우주의 원리를 설명한〈태극도〉

인간의 마음을 그린〈심학도〉

물려 있고 오행이 서로 영향을 주고받으며 관계를 맺듯 〈태극도〉에서 보여주는 성리학적 세계관은 '공존'과 '조화'다. 2번 그림 〈서명도〉의 '서명'은 송나라의 장재가 서쪽 창문에 붙여놓은 좌우명이란 뜻이다. 이 글을 원나라의 정복심이 그렸다. 이황이 〈태극도〉에 이어 이 그림을 두 번째에 배치한 것은 우주와 사람 사이의 관계를 설명하고 있기 때문이다. 하늘과 땅은 아버지와 어머니가 되고 그로 인해 나라는 작은 존재가 생겼음을 표로 설명하고 있다. 이것은 꼭 생물학적 부모만을 뜻하는 것이 아니라 어른과 아이, 임금과 신하 같은 계층적 질서를 모두 포함한다.

3번 그림과 4번 그림은 《소학》과 《대학》의 편명과 체계를 나타낸 〈소학도〉와 〈대학도〉다. 성리학에서 중요하게 다루어지는 두 책의 학문적 구조를 도표로 그렸다. 5번 그림인 〈백록동규도〉는 남송 시대 주희가 쓴 백록동 서원의 학칙을 이황이 그린 것이다. 인간관계의 원칙을 밝힌 오륜과 실천법에 관한 내용이다.

오늘날 학교에 해당하는 서원의 학칙을 왜 굳이 10가지 그림에 포함시켰을까? 천 원권 지폐 속 이황의 초상화 뒷면에는 '도산 서원'이 그려져 있다. 이황은 서원을 통해 성리학적 이념을 세우고 그 이념을 바탕으로 세상을 바꾸려고 했다. 풍기 군수로 있던 시절 백운동 서원을 우리나라 최초의 사액 서원, 즉 나라로부터 인정받아 세금을 면제받고 토지를 지원받는 서원으로 만들었다. 그 이후 도산 서원을 건립하고 여생을 주로 그곳에서 보냈다. 이황에게 서원 건립이 매우 중요한 의미였음을 알 수 있는 부분이다.

그다음 3가지 그림 〈심통성정도〉〈인설도〉〈심학도〉는 인간의 내부, 마음에 관한 내용들이다. 그래서 이것을 아울러 심학(心學)이라고 부른다. 특히 〈심통성정도〉에서는 유명한 사단 칠정론에 대한 이황의 견해를 엿볼 수 있다.

사단 칠정론은 막 과거에 급제한 33세의 젊은 학자 기대승이 당시 59세의 노학자였던 이황에게 편지를 보내며 시작되었다. 《맹자》에서 언급된 '사단'과 인간의 7가지 보편적 감정인 '칠정', 도덕적 법칙인 '이(理)', 그 법칙의 외부적 운용인 '기(氣)', 이 4가지 개념들의 관계를 어떻게 볼 것인가에 관한 논쟁이 바로 사단 칠정론이다. 8년 동안 편지를 주고받으며 이어진 이 철학적 논쟁은 당시 학자들 사이의 큰 이슈였으며 우리나라 성리학만의 고유한 발전을 가져왔다.

마지막 2가지 그림 〈경재잠도〉와 〈숙흥야매잠도〉는 이황의 경(敬) 사상을 담고 있다. 오늘날 '경(敬)'은 주로 '공경'이라는 단어로 쓰이며 상대방에 대한 배려나 존중의 의미를 담고 있다. 하지만 원래 경(敬)은 타인이 아니라 나를 향한 것이었다. '삼가다' '조심하다'는 의미다. 이황은 주로 개인의 수양 방법으로 '경'을 강조했다. 항상 조심하고 삼가며 도덕적으로 깨어 있는 마음이 '경'이다. 〈경재잠도〉에서는 상황에 따라, 〈숙흥야매잠도〉에서는 아침부터 저녁까지 시간에 따라 경을 실천하는 구체적인 방법을 제시하고 있다.

조선 성리학의 토대이자
일본 성리학의 출발

이황이 선조에게 올린 《성학십도》는 국가에서 공식 간행되어 전국 관청에 배포되었다. 나라 안의 많은 학자들이 《성학십도》를 연구하는 데 열을 올렸고 이후 내용을 보충하거나 자세히 설명하는 주석서들도 만들어졌다. 기대승이나 이이처럼 《성학십도》의 내용에 대해 문제점을 제기하는 학자들도 생겨났다.

이런 활발한 연구 과정들은 조선의 성리학이 주희의 성리학을 따르면서도 조선의 독자적인 성리학으로 발전하는 토대가 되었다. 특히 이황의 영향을 받은 강항은 정유재란 때 일본으로 건너가 일본 성리학의 출발에 결정적 역할을 했다. 근대에 와서는 1926년 중국의 한 대학에서 《성학십도》를 목판으로 다시 제작해 병풍을 만들어 널리 배포하기도 했다. 현대에도 세계 곳곳에서 '퇴계학회'가 설립될 만큼 그의 사상은 여전히 높이 평가받고 있다.

이황은 학문의 세계와 인격이 잘 조화된 위대한 선비로 평가받지만, 개인 수양에 집중할 뿐 시대의 문제에 적극 참여하지 않았다는 비판을 받기도 한다. 어떤 역사학자는 당시 임꺽정의 난으로 대표되는 민중의 고통을 외면하고 사단 칠정론 같은 쓸모없는 논쟁에 열중하다가 결국 나라가 망하게 되는 원인을 제공했다는 신랄한 비판도 서슴지 않는다. 이황의 사상에 한계가 있는 것은 분명하나 지나친 비약과 편협한 관점은 경계해야 한다. 또한 이런 비판들이 일제 시대 식민사관에서 비롯된 왜곡된 시각은 아닌지 점검할 필요가 있다.

어린 시절 이황은 숙부인 이우로부터 《논어》를 배우다가 이런 질문을 했다고 한다.

"모든 것에 옳은 것을 이(理)라고 합니까?"

어쩌면 이황이 평생을 두고 고민한 문제일 것이다. 그는 사화로 어지러운 시대에 '옳은 것'을 고민한 지식인이다. 그가 말하는 사단과 칠정, 이기론, 심학, 경 사상은 고루하고 비실용적인 이론이 아니다. 옳은 가치를 찾는 이황의 대답이다. 이황은 《성학십도》에서 우리가 살아가는 세계부터 자아, 내면의 본성과 감정까지 그림과 해설을 통해 그 고민에 대한 답을 차례대로 알려주고 있다.

함께 읽으면 좋은 책

- 《성학십도》 최영갑 옮김, 풀빛, 2005
- 《인문학 명강, 동양고전》 강신주 외, 21세기북스, 2013

22

이이
《성학집요》

1575

새로운 세상을 향한
강력한 개혁의 목소리

이이(李珥, 1536~1584)

조선 시대 유학자이자 정치가. 자는 숙헌(叔獻), 호는 율곡(栗谷)이다. 1536년 강원도 강릉에서 태어났으며 어머니는 조선의 대표적인 여성 예술가인 신사임당이다. 13세에 처음 진사시에 합격한 후 9번 장원을 해 '구도장원공'이라 불렸다. 이이는 성리학에 대한 깊은 이해를 바탕으로 조선 성리학을 발전시켰을 뿐 아니라 여러 관직을 거치며 조선의 정치, 교육, 경제에도 영향을 미쳤다. 특히 인재 등용과 국가 개혁 정책에 많은 노력을 기울였다.

※ 주요 저서: 《격몽요결》 《동호문답》 《만언봉사》

이이는 1536년부터 1584년까지 조선 중기를 살았던 인물이다. 유독 밤나무가 많았던 마을에 살아 '밤나무 골짜기'란 뜻의 율곡(栗谷)을 자신의 호로 삼았다. 그를 이야기할 때 꼭 함께 거론되는 인물이 있다. 바로 신사임당과 퇴계 이황이다. 신사임당이 이이에게 뛰어난 재능과 올바른 성품을 물려준 어머니라면, 퇴계 이황은 그에게 학문적 영향을 준 선배였다.

이이는 23세에 당시 대학자였던 이황을 찾아갔다. 이이는 벼슬을 계속 사양하는 이황에게 조정에서 일해주기를 권했고 이황은 이이에게 '후생가외'라며 칭찬했다. 후생가외(後生可畏)는 젊은 후학이 두려울 만큼 뛰어나다는 뜻으로 이황은 한눈에 젊은 학자 이이의 재능을 알아보았다. 이황과 이이는 조선 성리학의 두 큰 산으로, 비슷하면서도 다른 면을 가지고 있다.

이황의 《성학십도》에 대응하는 이이의 저서는 《성학집요》다. 《성학십도》는 선조 1년에, 《성학집요》는 선조 8년에 임금에게 바친 책이다. 제목에서 알 수 있듯이 '성학(聖學)'은 성인이 되고자 하는 학문으로 두 사람의 궁극적인 목적은 같았다. 그들은 평생 검소하고 청렴하게 살며 성리학적 도덕 윤리를 삶 속에서 실천하려고 한 인물이었다. 이황이 노력파였다면 이이는 천재였다. 이황은 과거에 여러 번 낙방하고 30대의 늦은 나이에 관직에 진출했다. 하지만 이이는 13세에 처음 과거에 합격한 후 크고 작은 시험에서 9번 장원을 하며 '구도장원공'이라 불렸다. 이황의 《성학십도》가 오랫동안 내공을 쌓아온 대가의 이론집이라면 이이의 《성학집요》는 핵심만 담은 천재의 비법 요약서다.

둘의 나이 차이는 35년이다. 35년이 그들을 비슷한 듯 다르게 만들었다. 이황이 '사화'의 시대를 살았다면, 이이는 '당쟁'의 시대를 살았다. 이황은 사림파와 훈구파의 대립 속에서 옳음과 그름에 관한 '원칙'을 내세웠다. 사림이 변화의 주체가 되어야 하지만 아직 때가 오지 않았다고 생각했다. 이이가 주로 활동했던 시기는 이미 훈구파가 중앙 정계에서 물러나고 사림파가 막 기지개를 켜기 시작한 때였다. 비로소 뜻을 펼칠 기회가 왔건만 사림은 곧 동인과 서인으로 분열된다.

훈구파의 처리 문제를 놓고 시작된 대립은 결국 당쟁이라는 폐해를 낳았다. 이이는 하나가 되어 새로운 시대를 이끌어갈 사림들이 오히려 서로 싸우는 상황을 겪으면서 임금에게 과감한 결단을 촉구한다. 이이가 40세에 완성한 《성학집요》에는 이런 강력한 개혁의 목소리가 담겨 있다. 하지만 이이는 외로운 개혁가였다. 이이는 통합을 원했지만 의도하지 않게 당쟁의 중심에 있었고 동인은 이황을, 서인은 이이를 거두로 삼았다. 임금인 선조는 확고한 모습을 보여주지 못했고 개혁에 대한 요구는 있었으나 구체적인 성과는 없는 시기였다.

낡은 조선 사회를 향한
현실적인 정책 제안집

《성학집요》의 집요(輯要)는 '요점을 모았다'는 의미다. 성리학에서 중요하게 여겨지는 10권의 책, 사서 육경(사서(四書)는《논어》《맹자》《대학》《중용》. 육경(六經)은《시경》《서경》《역경》《춘추》《예기》《악기》를 가리킨다) 중에서 핵심이 되는 구절만을 뽑아 일목요연하게 제시했다. 임금의 도리를 알려주는 성현들의 책은 많지만 일일이 살펴보기가 어렵기 때문에 필요한 부분만 가려 정리한, 일종의 임금을 위한 맞춤 교재다. 안으로는 덕을 쌓은 성인이 되고, 밖으로는 어진 정치를 펼치는 군주가 되기를 바라는 구절들이 주로 담겼다.

《성학집요》는 13권 7책 5편으로 되어 있다. 동양 고전에 '권'과 '책'은 지금의 개념과는 다르다. '책'이 한 권 분량의 책을 세는 단위라면, '권'은 장(章), 챕터에 해당한다. 7권의 책이니 요약집이라 해도 방대한 분량이다. 5편은〈통설〉〈수기〉〈정가〉〈위정〉〈성현도통〉이다. 쉽게 구분하면〈통설〉이 서론,〈성현도통〉이 결론이다. 본론 부분 3편은 자신을 수양하는〈수기〉, 가정을 바르게 하는〈정가〉, 나라를 다스리는〈위정〉이다. 바로《대학》의 수신, 제가, 치국평천하에 해당한다. 《성학집요》는《대학》을 뼈대로 삼은 책이다.

글의 구조를 살펴보면 사서 육경에서 뽑은 구절을 맨 앞에 놓고 그 구절에 대한 여러 성현의 주석을 아래 제시했다. 그리고 "신이 생각건대"로 시작하는 자신의 의견을 적은 글로 마무리했다. 유교적 이상 정치를 보여주면서도 현실 정치에 반영할 수 있는 정책들을 제안

한 것이다. 이황의《성학십도》가 성리학의 처음과 끝을 아우르는 책
이라면, 이이의《성학집요》는 학문적 성과를 넘어 현실의 문제까지
담은 한 단계 발전한 책이라고 할 수 있다.

〈수기〉〈정가〉〈위정〉은 각 편이 모두 '총론'으로 시작해 그것을
실천했을 때의 효과를 말하는 '공효'로 끝을 맺는다. 체제와 구성이 매
우 논리적이며 짜임새가 있다. 각 편의 첫 주제를 보면 이이가 무엇을
강조했는지 알 수 있다. 〈수기〉에서는 입지, 〈정가〉에서는 효, 〈위정〉
에서는 용현이다.

> 신이 생각건대, 뜻이란 기(氣)의 장수입니다. 뜻이 하나로 모이면
> 기가 움직이지 않음이 없습니다. 배우는 사람이 죽을 때까지 글을
> 읽어도 공부를 성취하지 못하는 이유는 다만 뜻이 서지 않았기 때
> 문입니다.
>
> _〈수기〉

이이는 자신을 수양할 때 가장 먼저 해야 할 일로 '입지(立志)'를
꼽았다. 입지는 이이의 다른 저서인《격몽요결》에서도 가장 먼저 등
장한다. 입지는 '뜻을 세운다'는 말이다. 지(志)는 선비 사(士)에 마음
심(心)이 결합한 글자로 선비가 가져야 할 '마음'이다. 뜻을 세운다는
것은 흔들리지 않는 확고한 마음을 정하는 것을 의미한다. 집안을 바
르게 한다는 의미의 〈정가〉 편에서는 '효경(孝敬)'을 맨 앞에 두었다.
효경이란 어버이에게 효도하고 어른을 공경함을 뜻한다. 자식을 잘
가르치고 사치하지 않고 절약하며 자기 가정을 바르게 이끄는 사람

이 남도 잘 이끌 수 있다고 강조한다.

나라를 다스리는 일에 대해 논한 〈위정〉 편은 '용현'으로 시작한다. 용현(用賢)은 현명한 인재를 등용하는 것으로 정치의 성패를 좌우할 만큼 중요하다고 보았다. 현명한 신하는 마치 강을 건널 때 꼭 필요한 배와 노의 역할과 같다고 비유했다. 임금은 현명한 사람을 길러 온 백성에게 혜택을 미치는 사람으로 사사로운 당파로 차별하지 않고 능력에 맞게 인재를 등용해야 함을 말하고 있다.

또한 〈위정〉 편에서 주목해야 할 것은 '경장'이다. 이이는 시급하게 해야 할 일은 시대마다 달라지는데 그 시기를 창업, 수성, 경장 3가지로 나누었다. '창업'은 나라나 왕조가 막 세워지는 시기, '수성'은 성을 지키듯 창업한 나라를 안정되게 운영하는 시기를 가리킨다. '경장'은 느슨해진 가야금의 줄을 팽팽하게 당긴다는 의미로 시간이 지나 폐단이 생긴 제도를 개혁하여 새롭게 하는 시기를 일컫는다. 이이는 건국된 지 200여 년이 지난 조선 사회에 가장 시급한 것은 경장이라고 진단했다. 마치 오래되고 낡은 집이 썩어 무너지려 할 때 대대적인 수리를 해야 하는 것처럼 현재 조선은 당장 적극적으로 경장을 해야 한다고 주장했다. 단순히 문제를 지적하는 것에서 그치지 않고 가벼운 세금, 공정한 형벌, 부의 재분배 등 여러 분야에서 꽤 구체적인 정책을 제시하고 있다.

그중 이이의 통찰력이 돋보이는 부분은 국방을 튼튼히 해야 한다고 강조한 점이다. 이런 이이의 군사 정책은 그 후 선조에게 올린 〈시무육조〉에서도 강력하게 드러난다. 변방에는 병력을 배치하여 경계를 철저히 하고 전쟁에 필요한 군마를 미리 준비해야 한다는 내용이 담겨 있다. 북으로는 명나라가 쇠퇴하고 여진족이 세력을 키웠으며 남으로는 왜가 침략을 준비하고 있는 매우 위태로운 시기였다. 하지만 당파 싸움에 정신이 팔린 조정에서는 국제 정세를 제대로 파악하고 있지 못했다. 이이가 죽고 8년 후 1592년, 임진왜란이 일어났다. 미리 대비하지 못한 전쟁에 조선은 막대한 피해를 입었다.

◆ ## 이후 조선의 많은 정책과
사상에 뿌리를 내리다

지금 강릉의 오죽헌에는 이이의 영정을 모신 사당인 문성사가 있다. '문성'은 이이의 시호다. 시호는 왕이나 사대부들이 죽은 뒤에 공덕을 칭송하며 붙인 이름이다. 1623년 인조는 이이에게 시호를 내리며 이런 문장을 함께 적었다.

"도덕과 학문을 널리 들어 막힘이 없이 통했으며 백성의 안정된 삶을 위하여 정사의 근본을 세웠다."

이이는 인품과 학식을 두루 갖춘 학자이자 백성들의 삶을 걱정한 정치가였다. 그리고 《성학집요》에는 그런 2가지 면모가 동시에 드러난다. 하지만 이런 경향이 조선 중기 당쟁의 원인이 되었다고 지적되기도 한다. 학문적 학파와 정치적 붕당이 구분되지 않고 한데 얽혀 교조화되는 모습을 보였고 결국 정치적 분열로 이어진 것은 사림의 한계라고 할 수 있다.

이이가 외친 개혁 정책은 그가 살아생전에는 꽃피우지 못했지만 이후 조선에서 이루어진 많은 정책과 사상에 뿌리내렸다. 특히 그가 처음 제시한 '실질적인 것에 힘쓴다'는 '무실(務實)'이라는 용어에서 실(實)을 따와 조선 후기 '실학'이라는 이름이 만들어졌다. 이이의 사상은 경장론과 더불어 조선 후기 실학사상이 태동하는 데 발판이 되었다. 또한 이이의 적극적인 현실 참여는 의병 운동에도 영향을 주었다. 임진왜란 때 의병장으로 활약한 조헌이 그의 제자였다.

《성학집요》는 숙종 이후 그 중요성을 인정받아 경연의 중요한 텍스트가 되었고 제왕학의 교과서로 불렸다. 조선 후기 실학자 홍대용은 북경에 갔을 때 중국 학자들에게《성학집요》를 소개하며 "조선의 저서 중 세상을 다스리는 경세학의 책으로 으뜸이다"라고 했다.《성학집요》에는 당쟁의 시대에 외롭게 개혁을 외쳤던 이이의 기대와 좌절이 함께 깃들어 있다.

함께 읽으면 좋은 책

- 《**성학집요**》 김태완 옮김, 청어람미디어, 2007
- 《**격몽요결**》 이민수 옮김, 을유문화사, 2022

23

이익
《성호사설》
1760

과학부터 문학까지 한 권으로 읽는
조선판 백과사전

이익(李瀷, 1681~1763)

조선 시대 실학자로 호는 성호(星湖)이다. 아버지와 같던 둘째 형이 당쟁과 환국으로 억울하게 죽임을 당하자 관직에 환멸을 느끼고 고향인 안산에 은둔해 살면서 학문에 전념했다. '한전론' 등을 주장하며 토지를 바탕으로 한 사회 개혁을 꿈꾼 그는 많은 제자를 두고 성호학파를 형성하였으며 조선 후기 실학의 토대를 마련하였다.

※ 주요 저서: 《곽우록》《이자수어》

출세를 포기한 한 선비가 40년 동안 글을 썼다. 마치 세상의 모든 것을 알고 싶다는 듯 호기심 가득한 태도로 다양한 분야의 글을 썼다. 짧고 긴 글들을 모아놓고 보니 3,000편이 넘었다. 이 글들을 대강 주제별로 분류해 한 권의 책으로 엮었다. 당시 많은 학자들이 앞다투어 이 책을 읽었다. 그중 한 젊은 학자는 "막연했던 내 생각이 이분을 통해 구체화된 것이 많다"라고 극찬했다.

여기서 '출세를 포기한 한 선비'는 이익, '한 권의 책'은 《성호사설》, '젊은 학자'는 정약용이다. 정약용이 가장 존경했던 스승이 이익이다. 동시대 인물은 아니지만 책을 통해 이익의 사상을 배웠다. 정약용이 조선 후기 실학을 집대성했다면, 이익은 그 실학이 꽃피울 수 있도록 토대를 쌓았다. 이익은 지금으로 말하자면 관심 가는 대로 생각나는 대로 40년 동안 블로그에 글을 올린 셈이다. 그의 글에 관심을 가진 사람들이 하나둘 생겨났고 글의 분량이 꽤 되다 보니 한 권의 책으로 나오게 된 것이다.

《성호사설》의 '성호'는 이익의 호다. 사설(僿說)이란 자잘하고 소소한 이야기라는 뜻이다. '나의 소소한 이야기'라고 제목을 붙인 이 책은 그렇다고 단순한 흥밋거리만을 담고 있지 않다. 이익의 높은 견문과 사회를 바라보는 남다른 문제의식이 모든 글에 녹아 있다.

임진왜란과 병자호란은 조선 사회를 크게 출렁이게 했다. 두 전쟁은 조선을 전기와 후기로 나누는 기준이 될 만큼 사회에 많은 변화를 불러왔다. 급격한 인구 감소와 농경지의 황폐화로 국가는 재정난에 시달렸고 과도한 조세로 백성은 더욱 굶주렸다. 지배 계층이 숭상했던 성리학은 점점 백성의 삶과는 동떨어졌고 더 이상 사회를 지탱하는 사상이 되지 못했다. 자연스레 현실에 관심을 가지고 사회 문제를 해결하고자 하는 새로운 학문적 경향이 생겨났다.

이익이 살았던 시기는 병자호란이 끝난 지 약 50년 후다. 이익의 아버지는 환국 정치의 희생양이 되었고 이익 자신은 이름을 절차에 맞게 쓰지 않았다는 이유로 과거 시험에서 낙방했다. 둘째 형마저 당쟁에 휘말려 억울하게 죽자, 그는 관직에 나아가기를 단념했다. 무엇을 위해 공부해야 할지 방황하던 그때, 그는 한 장면을 목격한다.

매우 추운 날씨였다. 어떤 눈먼 거지를 보았다. 옷은 다 떨어졌고 며칠 굶은 티가 역력했다. 구걸을 해도 밥을 얻어먹지 못하자 남의 집 문밖에 앉아 울면서 하늘에 하소연하였다. "차라리 죽기를 원합니다. 죽기를 원합니다." 참으로 죽고 싶지만, 그마저도 뜻대로 안 되는 것이었다. 지금도 그 모습을 잊을 수 없다. 생각만 해도 눈물이 쏟아진다.

_〈인사문〉

이익은 거지의 하소연을 30년이 지나도록 잊지 못했다. 그의 글과 학문은 백성들의 삶과 맞닿아 있다. 어떻게 하면 세상을 잘 다스려 백성들에게 실제로 도움이 되는 학문을 할 수 있을까 고민했다. 훗날 학자들은 이 사상을 '실학'이라고 불렀다.

◆ 나를 중심으로 세상을 둘러보다

《성호사설》에는 3,000편의 단편적인 글이 5가지 주제로 나누어 실려 있다. 천문과 지리에 관한 〈천지문〉, 동식물 및 인간이 사용하는 물건에 관한 〈만물문〉, 사회·경제, 정치 제도를 논한 〈인사문〉, 경전과 역사에 대해 다룬 〈경사문〉, 시와 문장을 평론한 〈시문문〉이 그것이다. 과학, 사회, 역사, 문학 등 거의 모든 분야를 다루고 있는데 일종의 조선판 백과사전이다.

그는 왜 이렇게 많은 분야에 관심을 가지게 된 것일까? 전쟁 이후 사회가 달라지자 그것을 바라보는 지식인의 시각도 달라졌다. 중국 중심, 성리학 중심의 사회가 점점 무너지고, 내가 사는 땅, 내가 먹고 입는 것, 우리나라의 역사와 말에 관심을 기울이게 되었다. 비로소 나를 중심으로 주위를 둘러보게 된 것이다. 이익은 호기심이 많고 관찰하기를 좋아하는 학자였다.

이익은 《성호사설》 전체를 통해 '자득'과 '시무'를 강조하고 있다. 자득(自得)이란 항상 의문을 제기하고 스스로 탐구하는 학문적 자세다. 시무(時務)는 시급하거나 그 시대에 중요하게 다루어야 할 일에 힘

쓰는 것이다. 그는 누구보다 과거의 글인 경서와 시를 열심히 읽었다. 하지만 과거의 글을 맹목적으로 떠받들고 따르지 않았다. 〈시문문〉을 살펴보면 역대 시문에 대한 평가와 교감, 고증을 철저히 거쳐 자신의 견해를 밝히고 있다. 〈경사문〉에서는 경전을 재해석했고 역사서를 읽으면서 잘못 해석된 내용을 고치고 자신의 논설을 실었다. 그는 '과거'의 글을 읽으면서도 '오늘'과 호흡하려 했다. 이익의 이런 학문적 태도는 특유의 비판적 사고와 개방적 사고로 이어졌다.

〈인사문〉에서는 특히 현재 사회 전반에 나타나는 문제를 조목조목 지적한다. 그는 나라를 좀먹는 여섯 벌레로 노비 제도, 과거 시험, 문벌, 승려, 교묘한 기술로 남을 속이는 사람, 무위도식하는 사람을 꼽았다. 농사와 같은 생산 활동에 참여하지 않고 남에게 빌붙는 사람들을 강도 높게 비판했다. 선비도 농사를 지어야 하며 농사꾼도 벼슬할 수 있도록 제도를 마련해야 한다고 주장한다. 실학자를 분류할 때 그를 중농주의 학파로 분류하는 이유가 여기에 있다.

이익은 실제로 닭과 벌을 기르며 농사를 지었다. 〈만물문〉에서는 닭과 벌을 기르는 법, 쇠똥구리, 고양이, 소, 이끼, 모란 등 농사를 하면서 만난 각종 동식물들에 대해 자세하게 묘사하고 있다. 특히 "백성은 나의 동포이고 만물은 나의 동반자다"로 시작하는 육식을 경계하는 글은 오늘날 강조되는 생명 존중 사상이나 동물권을 떠올리게 한다.

《성호사설》에는 음식에 관한 글도 많아 무척 흥미롭다. 특히 이익은 귀한 쌀 대신 흔하게 먹을 수 있는 콩을 좋아했는데 콩으로 만들 수 있는 음식과 조리법을 상세하게 소개했다. 콩 요리 3가지를 함께 먹는 모임인 삼두회를 만들기도 했다. 누구보다 농사에 진심이었던 선비였기에 그가 주장한 토지 제도 또한 삶에서 우러나온 실제적인 것이었다.

> 농경지의 소유를 일정 면적 내로 제한해 한 가구의 영업전으로 삼는다. 법으로 정한 땅 이외에는 마음대로 사고팔게 한다. 하지만 부자라도 다른 사람의 영업전까지 차지할 수 없도록 하고 아무리 가난한 사람이라도 영업전을 헐값에 팔지 못하게 한다.
>
> _〈인사문〉

이익이 주장한 한전론과 영업전이다. 영업전이란 한 집안에서 영원히 소유하고 경작하는 땅을 말한다. 그의 비판적 사고와 사회적 약자에 대한 관심은 이처럼 구체적인 사회 개혁론으로 발전했다.

당시 서양 문물과 학문도 조선에 많이 전해졌다. 아버지를 통해 중국에서 가져온 서양 서적을 많이 접했던 이익은 서양 학문에도 개방적이었다. 《성호사설》에는 천주교, 서양 의학, 안경, 망원경, 지도, 그림 등에 관한 내용이 자세하게 적혀 있다. 지구가 둥글다는 서양 학설을 수용하면서 지구 중심을 향해 모든 물체가 몰려 있다는 지심론(地心論)을 펼쳤다. 서양 과학이 당시 동아시아 지식인들에게 어떤 영향을 끼쳤는지 알 수 있는 대목이다. 이런 서양 학문에 대한 관심은 세계를 폭넓게 이해하고 동시에 우리나라의 주체성을 인식하는 계기가 되었다.

이익은 지도를 그리는 법을 자세하게 알고 있을 정도로 우리나라

지리와 역사에 관심이 많았다. 조선 팔도의 지형 및 풍속, 백두산정계비, 금강산, 우리나라의 역대 국호 등에 대해 연구하고 글을 썼다. 그중 주목할 만한 내용은 지금도 영토 분쟁의 대상이 되는 울릉도와 독도에 관한 글이다. 당시 울릉도에서 일본인들을 쫓아내고 쓰시마까지 가서 담판을 짓고 온 이용복의 활약상을 높이 평가했다. 우리 역사서에 등장하는 울릉도에 대한 기록을 하나하나 언급하며 그 주변의 부속 섬인 독도도 우리의 땅임을 분명하게 밝혔다.

◆ 실학을 꽃피운 발원지, 여러 학문 분야로 퍼져나가

이익의 지리와 역사에 대한 주체적인 인식 및 연구 성과는 뒤에 이어지는 많은 실학자들의 저술에 영향을 주었다. 역사학은 안정복의 《동사강목》, 지리학은 이중환의 《택리지》, 경서학은 이병휴, 문학은 이용휴 등으로 이어졌다. 이익과 교류했던 강세황은 우리 것에 관심을 가지고 진경산수화, 풍속화를 발전시켰다. 이익을 연구하는 학자들은 이에 대해 《성호사설》은 마치 하나의 호수와 같다고 평한다. 호수처럼 넓고 깊은 《성호사설》을 발원지 삼아 실학이 그 뒤 각 분야의 전문 학자에 의해 더욱 분화되고 심층적으로 연구되었기 때문이다.

하지만 《성호사설》은 처음부터 한 권의 책을 목적으로 쓰인 글이 아니기 때문에 글의 분류가 명확하지 못하고 앞뒤 글이 서로 맞지 않거나 중복되는 내용 등이 다수 있다. 이런 비체계성으로 인해 번잡한 글이고 올바른 책이 아니라는 평을 듣기도 했다. 그래서 제자였던 안정복은 후에《성호사설》에서 필요한 내용만을 다시 뽑고 재편집해 《성호사설유선》이라는 책을 만들었다.

개방적 사고를 가졌던 이익이었지만 지금으로서는 동의하기 힘든 편견 가득한 글도 있다. 부녀자는 책을 읽을 필요가 없다거나 과부의 아들과는 멀리해야 한다는 등 여성을 차별하는 글, 자신의 학문적 고향인 영남 지방을 무조건 추켜세우는 글은 한계로 지적된다. 또한 상품 화폐의 발전을 제대로 인식하지 못하고 무조건적인 절약과 화폐 폐지를 주장한 것은 이제 막 근대로 넘어가는 과도기적 모습을 보여주기도 한다.

그럼에도 불구하고 이익의 광범위한 지적 호기심은 후대 실학자들의 지식 창고, 지식 도서관과 같은 역할을 했다.《성호사설》을 읽으면 콩을 사랑했던 소탈한 농부부터 백성에게 연민을 느꼈던 선비, 사회 문제에 목소리를 높였던 개혁가, 호기심으로 눈이 반짝거리는 어린아이까지 모두 만날 수 있다.

함께 읽으면 좋은 책

- 《성호사설 선집》김대중 옮김, 돌베개, 2010
- 《성호사설을 읽다》설흔, 유유, 2020

24

박제가
《북학의》
1778

소비의 중요성에 주목한
한국 최초 자본주의 사상서

박제가(朴齊家, 1750~1805)

조선 시대 실학자로 호는 초정(楚亭)이다. 홍대용, 박지원과 함께 북학파로 활동하면서
청나라의 선진 문물과 제도를 배워 조선의 사회, 경제 문제를 해결해야 한다고 주장했
다. 그는 특히 벽돌, 수레, 배 제작과 같은 선진 기술을 도입하고 상업과 무역을 활발히
진흥시켜 경제를 활성화해야 한다고 강조했다. 규장각 검서관으로 등용되었지만 갑작스
러운 정조의 죽음으로 개혁의 꿈이 좌절되었다.

※ 주요 저서: 《정유집》 《무예도보통지》 《한객건연집》

중국의 중은 가운데 중(中)이다. 나라 이름에서 알 수 있듯이 과거 중국 사람들은 오랫동안 자신들이 세계의 중심이라고 믿었다. 이를 중화(中華)사상이라고 부른다. 자기 민족을 세계 문명의 중심이라고 생각하고 다른 나라는 오랑캐로 여기며 배척하는 사상을 말한다.

1616년 이 중화사상에 크게 금이 가는 사건이 발생했다. 바로 여진족의 수장 누르하치가 여러 부족을 하나로 통일하고 후금을 세웠다. 후금은 전쟁으로 명나라를 꺾어버렸고 그 뒤 국호를 '청'으로 바꾸고 중국 땅을 평정했다. 한족 중심의 명나라가 무너지고 오랑캐라 여겼던 여진족이 중국을 차지했다.

18세기 조선 사회는 오랑캐인 여진족을 중화로 인정하지 않았다. 오히려 명나라를 계승한 조선이 세계의 유일한 중화라고 믿었고 작은 중화라는 의미에서 '소중화'를 자처했다. 군신 관계를 요구하는 청나라에 굴복할 수 없었던 조선의 조정은 결국 정묘호란과 병자호란을 초래했다. 과거에는 오히려 조선에 조공을 바쳤던 여진족과의 관계가 180도 변하게 된 것이다. 두 전쟁의 결과로 조선의 왕은 청나라 황제에게 머리를 조아리는 삼전도의 치욕을 맛보았다. 조선의 왕자인 소현 세자와 봉림 대군은 청나라에 볼모로 끌려갔다.

이후 봉림 대군이 왕위에 올라 효종이 되자 '북벌론'이 대두되었다. 북벌론이란 북쪽에 있는 청나라를 정벌하자는 주장이다. 임진왜란 때 우리를 도와준 명나라에 대한 의리를 지키고 청나라에 복수해야 한다는 명분에서 온 주장이었다. 하지만 당시 조선의 국력으로 강대국이었던 청나라를 친다는 것은 계란으로 바위 치는 격이었다. 그러다 보니 북벌론은 현실적인 정책 없이 목소리만 높이는 헛된 논의에 불과했다.

이런 분위기 속에서 정반대의 주장이 등장했다. 청나라는 정벌의 대상이 아니라 배움의 대상이라는 의견이다. 바로 '북학론(北學論)'이다. 북쪽에 있는 청나라를 배우자는 의미로 이 주장이 가장 잘 담겨있는 책이 박제가의 《북학의》다. 이 책의 제목을 따 청나라의 학문과 기술을 받아들이자고 주장한 실학자들을 '북학파'라고 부른다. 박제가를 비롯한 이덕무, 유득공, 박지원, 홍대용 등이 여기에 해당한다. 하지만 당시 북벌론이 대세였던 상황에서 미개하고 야만적이라 여겼던 청나라를 배우자는 주장은 젊은 학자의 허무맹랑한 소리 취급을 받았다.

박제가는 28세라는 젊은 나이에 《북학의》를 썼다. 그는 1778년 사신을 따라 북경에 갔다가 귀국한 뒤 3개월 만에 《북학의》의 초고를 완성했다. 잠깐의 청나라 시찰이 어떤 충격을 주었기에 그는 이토록 빠르게 한 권의 책을 완성했을까?

조선 사회 진단명
'가난' 그리고 '폐쇄성'

《북학의》는 박제가가 청나라를 다녀온 직후 쓴 책이지만 기행문은 아니다. 그의 글에 여행의 여유는 없다.《북학의》는 긴박하고 직선적이며 강렬하다. 마치 의사의 진단서와 처방전처럼 느껴진다. 나라의 병폐를 정확히 진단했고 치료법을 상세히 적어놓았다.

박제가가《북학의》를 통해 내린 18세기 조선 사회 진단명은 '가난'과 '폐쇄성'이다. 조선 사회는 지독하게 가난했고 문을 굳게 닫아걸어 고립을 자초하는 상황이었다. 박제가는 오랑캐라 여겼던 청나라를 직접 보고 나니 조선 사회를 더욱 객관적으로 바라볼 수 있었다. 청나라는 주변 변두리 지역이라 하더라도 가옥은 네모반듯하고 길은 잘 정비되어 있었으며 여인들은 머리에 금장식을 꽂고 비단옷을 걸치고 있었다. 그에 비해 조선의 백성은 대부분 여러 번 기워 입은 무명옷에 다 해어진 짚신을 신고 살았다. 박제가는 정조에게《북학의》를 바치며 적은 상소문에 "집이라곤 허리를 구부정하게 구부려야만 들어갈 수 있는 움막이며, 음식은 깨진 그릇에 담긴 밥과 소금 간조차하지 못한 나물뿐입니다"라고 백성들의 곤궁한 모습을 절절하게 묘사하고 있다.

박제가는 서자였다. 양반 가문에서 태어났지만, 첩의 자식이었다. 아버지를 아버지라고 부르지 못하고 형을 형이라고 부르지 못하는 처지의 반쪽짜리 양반이었다. 11세에 아버지마저 돌아가시고 집안 형편은 더욱 어려워졌다. 조선 백성의 가난은 남의 이야기가 아니라 박제가 본인이 직접 겪은 자신의 이야기였다. 서자는 아무리 학식이 뛰어나도 과거를 볼 수 없었다. 박제가는 조선 사회가 가진 폐쇄성과 부조리함도 몸소 느꼈다.

백성의 생활은 날로 피폐해져 갔지만 당시 지배층은 성리학적 논쟁에만 전념했다. 조선의 유학은 중국을 능가하는 사상적 발전을 이루었지만 실질적인 과학이나 기술과는 점점 멀어져 갔다. 서구 문물을 받아들여 날로 발전하는 청나라와 일본의 모습을 제대로 보지 못했으며 팔짱을 낀 채 과거에 젖어 자신이 가진 기득권을 지키는 데만 골몰하고 있었다.

이런 가난하고 폐쇄적인 나라를 고치기 위해 박제가가 내놓은 처방은 '상업과 기술의 발전' '외국과의 교역'이었다. 《북학의》는 내편, 외편, 진상본, 이렇게 세 부분으로 구성되어 있다. 내편은 수레, 배, 기와, 벽돌, 상인, 옷, 종이, 통역 등 39개의 항목이 기술 잡학 사전처럼 나열되어 있다. 외편은 북학변, 과거론, 재부론, 통상론처럼 자신의 의견을 논설문 형식으로 담았다. 외편이 이론서라면 내편은 실전 편이라고 할 수 있다. 진상본은 내편과 외편을 요약하고 일부 내용을 추가하여 정조에게 바친 부분이다.

왜 우리나라는 가난하고 청나라는 잘사는지 궁금했던 박제가는 그들이 어떤 도구와 기술을 어떻게 생활에 편리하게 이용하는지를 눈여겨보았다. 성과 집을 견고하게 지을 수 있는 벽돌 만드는 방법, 다리를 쌓는 방법, 가옥을 짓는 방법과 종류, 가축을 통해 이익을 내는 방법까지 직접 관찰하고 물어 자세하게 적어놓았다.

박제가가 특히 주목한 것은 수레와 배였다. 상업이 발달하기 위해서는 물건의 유통이 중요하기 때문에 땅에서 이용하는 수레, 강과 바다에서 이용하는 배가 필수적이라고 보았다. 적이 쉽게 쳐들어올까 봐 도로조차 제대로 정비하지 않았던 조선 후기에는 수레를 활발하게 이용하지 못했다. 박제가는 청나라에서 사용하는 수레를 종류별로 수레바퀴의 크기와 모양까지 자세히 살펴 기록했다. 갑판을 설치해 효율적으로 배를 이용하는 청나라의 모습을 보고 "배가 마치 하나의 집과 같았다"고 표현했다.

박제가는 이용후생(利用厚生)을 강조했다. 이용후생이란 '도구를 편리하게 써 백성의 생활을 풍요롭게 만든다'는 의미다. 물질적 풍요로움보다 도덕성만을 강조했던 성리학적 질서에 반기를 들었다. 박제가는 이용후생이 있은 뒤에야 올바른 도덕성인 정덕(正德)도 갖추어진다고 믿었다. 그는 이용후생보다 정덕을 내세우며 근검절약을 강조하는 지배 집단에 "조선은 오히려 검소 때문에 망할 것"이라고 경고했다.

> 재물은 비유하자면 우물과 같다. 자꾸 퍼 쓰면 늘 가득 차지만 이용하지 않으면 말라버린다. 비단옷을 입지 않으면 나라에 비단 짜는 사람이 없어지고, 여자들의 옷 만드는 기술이 부족해진다. 찌그러진 그릇을 싫어하지 않고 기교를 숭상하지 않기에 나라에는 수공업자와 도자기 장인이 할 일이 없어져 기술도 사라지게 된다.
>
> _〈시장과 우물〉

《북학의》에서 가장 유명한 부분인 우물론이다. 쓰면 쓸수록 물이

차는 우물을 통해 소비의 중요성을 일깨우는 비유는 지금 읽어도 탁월하다. 과도한 근검절약은 오히려 경기 침체를 초래한다. 박제가는 소비가 경제를 활성화한다는 근대 경제 논리를 이미 인식하고 있었다. 북학파는 이렇게 상업의 발전을 강조했다. 이들을 중상주의 학파로 구분하는 주된 이유다. 실학자들조차도 농업을 강조했던 분위기에서 재물과 이익 추구를 주장한 그의 관점은 시대를 앞선 것이었다.

박제가는 또한 우리나라가 삼면이 바다인 점을 잘 살려 배로 여러 나라와 교역할 것을 강조했다. 외국과의 통상은 이익을 가져다주고 선진 문물을 습득하는 계기가 되며 조선 백성들의 견문을 넓혀주는 일이 될 것이라고 보았다. 따라서 청나라와의 교역을 기반으로 일본, 안남(베트남) 등으로 교역을 확대하자고 하였다.

박제가가 《북학의》를 저술할 때쯤 서구에서는 산업 혁명이 한창 일어나고 있었다. 박제가는 많은 서양 서적을 접하며 서구 나라들이 머지않아 막강한 군사력과 발전된 기술력을 앞세워 동양으로 세력을 확장할 것이라는 사실도 어느 정도 예견하고 있었다. 박제가는 정확하고 객관적인 눈으로 조선 사회와 국제 정세를 파악하고 있었다.

◆ **부강한 나라를 꿈꾼**
규장각의 선비

박제가의 글은 조선 사회의 아픈 곳만 바늘처럼 콕콕 찌른다. 너무 정확히 찔러 대서 괴로울 지경이다. 《북학의》에는 '우리나라 것은 좋지 않고 청나라 것은 좋으니 청나라 것을 배워야 한다'는 식의 내용이 많다. 그래서 읽다 보면 조금 불편하게 느껴지는 부분도 있다. 정도가 지나쳐 청나라의 언어, 중국어를 공용어로 삼아야 한다는 이야기까지 한다. 이쯤 되면 박제가가 반민족주의적 성향을 가진 인물이 아닐지 의심된다.

하지만 《북학의》를 다 읽고 나면 '북학'의 제대로 된 의미를 비로소 알게 된다. '북학'의 북(北)은 표면적으로는 '청나라'를 가리키지만 사실은 '나라를 부강하게 할 선진 문물' 그 자체를 가리키는 것이다. 박제가는 그 누구보다 조선이 부자 나라가 되기를 간절히 바란 인물이었다. 조선을 부강하게 만들 수만 있다면 그것이 청나라의 것이든 서양의 것이든 배워야 한다고 생각했다.

박제가가 《북학의》에 자신의 주장을 가감 없이 담을 수 있었던 것은 당시 임금이 정조였기 때문이다. 정조는 서자들에게도 관직의 기회를 열어주었고 박제가는 규장각의 검서관이 되었다. 지금의 도서관, 학술 연구 기관과도 같았던 규장각에서 박제가는 여러 서적을 교정하고 필사하는 역할을 하며 당대 지식인들과 교류했다. 정조에게도 여러 차례 자신의 목소리를 담은 상소문을 올렸다. 하지만 정조의 갑작스러운 죽음으로 박제가의 꿈도 함께 사라졌다. 청나라로부터 선진 문물을 배우자는 박제가의 급진적인 주장은 당시 지배층에게 눈엣가시였다. 결국 이것을 빌미로 그는 1801년 천주교 신자들을 처벌하는 신유박해에 연루되어 귀양을 떠나게 되었다. 박제가는 3년 만에 유배 생활에서 풀려났지만 1년 뒤 56세의 나이로 죽었다.

《북학의》에 담긴 박제가의 사상은 비록 국가 정책에 반영되지는 못했지만 동시대와 그 이후 지식인들에게 큰 영향을 주었다. 정약용은 이용후생을 담당할 이용감이라는 부서를 제안했고, 북학파의 주장과 저술들은 19세기 부국강병을 위해 문호를 개방하기를 주장한 개화파로 이어졌다. 박제가가 《북학의》를 저술한 지 100년 뒤, 적절한 개혁의 기회를 놓친 조선은 결국 강화도 조약을 맺으며 타의에 의해 강제로 문을 열 수밖에 없었다.

함께 읽으면 좋은 책

- 《**북학의**》 안대회 옮김, 돌베개, 2013
- 《**북학의**》 박정주 옮김, 서해문집, 2003
- 《**북학의를 읽다**》 설흔, 유유, 2019

25

정약용
《목민심서》
1818

백성의 고통을 보고 쓴
공직자 행정 지침서

정약용(丁若鏞, 1762~1836)

조선 시대 대표적인 실학자로 다양한 분야에 천재적인 재능을 보이며 정조에 의해 등용

되었다. 배다리 및 수원 화성 건축 등 과학·사회 분야에서 개혁 사상을 활발히 펼치는

듯했으나 정조가 죽고 세도 정치와 천주교 탄압으로 인해 18년의 긴 유배 생활을 하였

다. 유배 생활 중 정치, 법, 지리, 의학 등 다양한 학문 분야의 뛰어난 성취가 담긴 500여

권의 저술을 남겼다. 정약용의 학문적 성취와 개혁 사상은 조선 후기 실학의 집대성이라

고 평가받는다.

※ 주요 저서: 《경세유표》 《흠흠신서》 《아방강역고》

정약용을 흔히 한국의 레오나르도 다빈치라고 부른다. 다빈치는 르네상스 시대를 대표하는 미술가, 건축가, 과학자, 의학자다. 정약용도 다양한 방면에서 재능을 보인 조선 시대 최고의 천재다. 정약용은 건축, 과학, 농업, 경제, 법 등 지금으로 말하자면 인문학에서 공학까지 분야를 가리지 않고 500여 권이 넘는 저술을 남겼다. 하지만 그는 비운의 천재였다. 정약용의 저술은 대부분 18년의 긴 유배 생활 중에 쓰였다. 긴 유배 생활은 그의 일생에서는 비극이었지만 조선 후기 학문을 한 단계 발전시키는 계기가 되었다.

정약용은 젊은 시절 촉망받는 신진 정치가였다. 정조의 신임 아래 자신이 가진 능력을 마음껏 펼칠 수 있었다. 정조는 억울하게 죽은 아버지 사도세자의 능을 찾아 자주 수원에 행차했다. 이때 수많은 사람이 한 번에 한강을 건널 수 있도록 다리가 필요했는데 정약용은 배로 만든 다리인 배다리를 성공적으로 건설했다. 그 뒤 평소 관심 있었던 서양 과학을 기초로 거중기, 유형거(수레), 녹로(도르래) 등을 제작해 수원 화성을 축조하는 데 이용했다. 정약용 덕분에 수원 화성의 공사 기간을 크게 단축할 수 있었다. 천재 정약용은 개혁 군주 정조와의 만남을 통해 새로운 세상을 꿈꿨다. 하지만 정조의 갑작스러운 죽음으로 그의 꿈도 함께 묻혔다.

　1801년 정조의 뒤를 이어 순조가 즉위하자 천주교도 탄압 사건인 '신유박해'가 일어났다. 이때 천주교와 관련 있었던 정약용의 집안은 풍비박산 났다. 종교적 탄압을 빌미로 정조에게 신임을 받았던 많은 인물들이 정치적 반대파에 의해 죽임을 당했다. 셋째 형 정약종과 매부였던 이승훈은 사형에 처해졌고 정약용도 지금의 전라남도 강진으로 긴 유배를 떠났다. 하지만 정약용은 외롭고 고통스러웠던 유배 생활을 오히려 학문에 몰두할 여가를 얻게 되었다고 표현했다. 경전을 새롭게 해석한 《논어고금주》, 역사·지리서 《아방강역고》, 아동학습서 《아학편》 등 다양한 분야의 책을 이 시기에 썼다. 그는 스스로 유배지의 초라한 초가집을 품격 있는 연구실로 만든 셈이다.

　많은 사람들은 정약용의 수많은 저서를 대표하는 책으로 단연코 《목민심서》를 꼽는다. 정약용 자신도 《경세유표》 《흠흠신서》 《목민심서》를 '1표 2서'로 따로 칭했을 만큼 중요하게 생각했다. 《경세유표》가 국가의 여러 제도를 개혁하는 방법을 다룬 책이라면 《흠흠신서》는 주로 재판과 형벌에 관한 형법서다. 《목민심서》는 지방 수령이 지켜야 할 일들에 관한 책으로 지금도 가장 널리 읽히고 있다.

　《목민심서》는 정약용이 어린 시절 아버지의 부임지에서 보고 들었던 경험과 자신이 직접 곡산 부사로 근무했을 때의 실무 경험을 살려 지은 책이다. 일종의 세세하고 구체적인 행정 지침서다. 200여 년 전 행정 지침서가 지금도 널리 읽히는 이유는 대쪽 같은 여러 원칙들 사이로 흐르는 정약용의 마음 때문이다. 그는 유배지라는 가장 낮은 곳에서 오랫동안 백성들의 궁핍한 생활을 직접 목격했다. 백성과 가까이에서 민생을 책임지는 수령의 역할이 얼마나 중요하고 어려운가를 누구보다 절실히 느꼈고 그 마음을 담아 《목민심서》를 지었다.

◆ 행정 지침부터 말투까지 공직자 직무 매뉴얼

《목민심서》를 그대로 풀이하면 '목민관을 위한 마음의 책'이다. 목민관이란 한 지역을 다스리는 수령을 가리키는 말이다. 오늘날로 말하자면 시장, 군수, 구청장처럼 지방 자치 단체장과 같은 지위에 있는 사람이다. 목민의 목(牧)은 소 우(牛)와 칠 복(攵)이 결합한 한자로 소와 같은 가축을 기른다는 뜻이다. 그래서 목민(牧民)은 '백성을 기른다'는 의미다. 언뜻 백성을 동물처럼 기른다는 의미로 오해할 수 있지만 보살피고 다스린다는 의미에 더 가깝다. 정약용은 목민관과 백성의 관계를 부모와 자식의 관계로 보았다. 부모가 자식을 사랑하고 잘 먹이고 입히고자 노력하는 것처럼 목민관도 그런 마음과 자세를 가져야 한다고 생각했다. 심서의 심(心)은 2가지 의미로 해석될 수 있다. 하나는 목민관이 갖추어야 할 마음가짐의 '마음'이다. 두 번째는 정약용이 서문에서 밝혔듯 "목민할 마음은 있으되 몸소 실행할 수 없는" 그의 안타까운 '마음'이다.

　《목민심서》는 12편으로 이루어져 있으며 각 편은 다시 6조로 나누어졌다. 1편 〈부임〉부터 12편 〈해관〉까지 수령관이 부임하면서부터 임기가 끝날 때까지 알아두어야 할 사무가 체계적으로 정리되어 있다. 1편 〈부임〉에는 임명된 순간부터 부임 행차, 첫날 정사를 보는 법까지 꼼꼼하게 적혀 있다. 부임하러 가는 길의 의복, 말과 안장 등은 모두 헌것을 그대로 쓰고 공연히 부임 행사를 준비해 백성을 힘들게 해서는 안 됨을 첫 편에서부터 말하고 있다.

이어지는 〈율기〉 〈봉공〉 〈애민〉은 수령에게 요구되는 검소함과 도덕성에 관한 내용들이다. 정약용은 "나라를 망하게 하는 것은 외침이 아니라 공직자의 부정부패"라면서 청렴을 특히 강조했다. 청탁 편지를 뜯어보지도 않은 우리나라의 청백리를 사례로 들면서 생선 한 마리가 아니라 생선 비늘 한 개도 뇌물이 될 수 있으니 수령은 함부로 부탁과 물건을 받아서는 안 된다고 경고하고 있다.

조선 시대 지방의 수령은 행정과 사법을 모두 담당하는 그 지역의 임금과 같은 존재였다. 중앙 관리들의 잘못은 백성들에게 바로 영향을 끼치지 않지만 수령의 직무는 백성의 삶과 바로 직결된다. 그래서 정약용은 다른 벼슬은 욕심을 내어도 되지만 수령은 하고 싶다고 함부로 욕심내서는 안 되는 자리임을 단호하게 말했다.

5편부터 10편은 조정의 중앙 행정 부서인 육조 체제를 따라 〈이전〉 〈호전〉 〈예전〉 〈병전〉 〈형전〉 〈공전〉 편으로 구분된다. 지금으로 치면 각각 행정안전부, 기획재정부, 교육부, 국방부, 법무부, 국토교통부에 해당한다. 《목민심서》는 단순히 도덕적 당위성을 강조하는 추상적인 말로 채워진 책이 아니다. 행정부터 사법까지 제반 업무에 필요한 공문서 처리, 제도의 종류, 경계해야 할 유형 등이 자세하게 제시되어 있다. 반찬 가짓수, 의복의 형태, 표정이나 말투까지 묘사되어 있어 공직자가 실질적인 도움을 받을 수 있는 하나의 매뉴얼 같다고 할 수 있다.

　정약용은 〈이전〉에서 수령이란 중앙에서 임명해 파견되었기 때문에 그 지역에서 오랫동안 일을 해온 아전을 특히 경계해야 한다고 했다. 당시 수령이 지방 사정에 어두운 점을 이용하여 아전들이 잇속을 채우는 행위가 만연했다. "아전은 백성을 논밭으로 삼아 백성의 껍질을 벗기고 골수를 긁어내는 것을 농사짓는 일로 여긴다"고 했을 정도니 수령은 아전을 잘 단속하고 직접 지방의 실상을 파악하고 챙길 필요가 있었다. 또한 〈형전〉과 〈공전〉에서는 사건 조사와 법 집행을 공평하게 해 백성들이 억울한 일을 당하지 않도록 애써야 하며 도로 정비, 수리 사업과 같은 사회 기반이 되는 시설들에도 신경을 써야 함을 강조했다.

　〈호전〉과 〈병전〉에는 조선 후기 삼정의 문란으로 고통받는 백성들의 생활상이 적나라하게 기록되어 있다. 삼정이란 토지에 부과되는 세금인 전정, 군포를 내고 군역을 면제받는 군정, 국가에서 빌려준 곡식을 돈으로 되갚는 환정을 말한다. 이 3가지 세금 제도가 조선 후기 관리들이 백성들을 착취하는 수단으로 변질되었다. 정약용은 "아전들에게 군포를 걷게 하는 것은 마치 호랑이를 양의 우리에 풀어놓은 것과 같으니 수령이 직접 받아야 한다"라고 했다. 군정의 문란이 얼마나 심각했는지는 그의 시 〈애절양〉에 잘 드러난다.

　　예로부터 사내가 제 양물을 잘랐단 소리는 듣지 못했네. 시아버지
　　죽어 이미 상복을 입었고 갓난아이 배냇물도 아직 안 말랐는데 삼
　　대의 이름이 모두 군적에 올랐구나. 관가에 호소해도 호랑이 같은

문지기 지켜 섰고 오히려 외양간의 소마저 끌고 갔네. 남편이 칼을 들고 방으로 들어가더니 붉은 피 자리에 흥건하네. 스스로 한탄하며 아이 낳은 죄로구나!

_〈병전〉

1803년 강진 유배지에서 피가 뚝뚝 흐르는 물건을 가지고 와 울면서 호소하는 여인의 이야기를 듣고 쓴 시다. 양물이란 남자의 생식기다. 자신의 생식기를 자를 수밖에 없었던 백성들의 끔찍한 참상은 정약용이 《목민심서》를 쓰도록 만들었다.

◆ 오직 법과 백성을 두려워하라

《목민심서》를 저술한 뒤 얼마 지나지 않아 정약용은 유배에서 풀려나 고향으로 돌아왔다. 세도 정치로 시대는 여전히 어두웠고 그에게 《목민심서》의 내용을 몸소 실천할 기회는 끝내 주어지지 않았다. 60세에 자신의 인생을 회고하며 지은 〈자찬묘지명〉에 그는 "《목민심서》를 목민관들에게 주어 혹여 백성 한 사람이라도 혜택을 볼 수 있기를 바란다"라고 적었다.

정약용은 유학자였고 전통적인 신분 질서를 부정하지 않았다. 백성을 여전히 가르쳐야 할 존재로 보았고, 백성을 통한 아래로부터의 개혁이 아닌 위로부터의 개혁을 이야기했다. 그의 사상에 근대적인 요소는 있지만 시대적 한계를 가지고 있는 것은 분명하다. 하지만 그가 말한 목민은 '애민'이었다. 정약용은 수령은 가장 먼저 노인, 어린아이, 가난한 사람, 상을 당한 사람, 병이 있는 사람, 환난을 당한 사람들을 보살펴야 한다고 역설했다. 그저 사랑하는 마음을 갖는 것을 넘어 규정으로 정해 수령이 바뀌더라도 제도에는 변함이 없도록 해야 한다고 했다. 오늘날로 말하면 '사회적 약자에 대한 복지 제도'다.

또한 정약용은 〈원목〉이라는 글에서 "처음 사람이 무리 지어 살 때는 백성만이 있었는데 백성들 사이의 문제를 해결하기 위해 무리의 대표를 뽑고 판결의 권한을 부여한 데서 점점 확장되어 임금도 생기게 되었다"고 설명하고 있다. 즉, 목민관을 위해 백성이 존재하는 것이 아니라 백성을 위해 목민관이 존재함을 밝히고 있다. 지금의 민권, 참정권이라는 개념과 유사하다.

《목민심서》는 정약용의 저술 중 이미 조선 시대 때부터 널리 읽힌 책으로 조선 후기 지방 관리들의 필독서였다. 각 지역의 관청에서 문서를 담당하는 서리를 동원해 필사본을 만들게 하였고 현재 60여 종의 필사본이 발견되었다. 1902년 정약용의 저술이 활자본으로 간행될 때도 가장 먼저 《흠흠신서》와 《목민심서》가 인쇄되었다.

벼슬살이에서 가장 중요한 것은 두려워할 외(畏) 한 자뿐이다. 법을 두려워하며 백성을 두려워하여 마음에 언제나 두려움을 간직하면, 혹시라도 방자하게 되지는 않을 것이다.

_〈율기〉

수령이 지켜야 할 72개의 지침들 사이로 오직 법과 백성을 두려 워한 정약용의 마음이 흐르고 있다. 그 마음이 담긴 《목민심서》는 지 금도 공직자를 비롯한 많은 현대인의 애독서다.

함께 읽으면 좋은 책

- 《**정선 목민심서**》 다산연구회 편, 창비, 2019
- 《**누구나 한 번쯤 읽어야 할 목민심서**》 미리내공방 편저, 정민미디어, 2024
- 《**유배지에서 보낸 편지**》 박석무 옮김, 창비, 2019

6장

★

지적
대화를 위해
반드시 읽어야 할
고전

26

사마천
《사기》
기원전 91

왕부터 킬러까지,
소설처럼 재밌는 불후의 명작

사마천(司馬遷, 기원전 145~86)

동양 역사학의 아버지라 불리는 중국 전한 시대의 역사가. 사마천은 대대로 사관을 지냈던 역사가 집안에서 태어났다. 이릉(李陵) 장군을 변호하다가 사형 위기에 처했으나 아버지의 유언을 지키기 위해 치욕스러운 형벌인 궁형을 받았다. 이후 고통을 견디며 중국 고대사의 중요한 사건과 인물들을 체계적으로 기록한 《사기》를 완성했다. 《사기》는 중국 역사상 최초의 본격적인 역사서이자 가장 위대한 역사서로 평가받는다.

춘추 전국 시대를 통일한 진나라가 15년 만에 망하고 다시 치열한 전투 끝에 유방이 천하를 제패했다. 유방은 새롭게 나라를 세우고 국호를 한(漢)으로 정했다. 한(漢)은 양쯔강의 지류 중 하나인 한수를 가리키는 글자로 새로운 나라가 그 한수를 끼고 있었기 때문이다. 유방이 세운 한나라는 역대 중국 왕조 중 온전한 통일 국가로서 400년이라는 가장 오랜 기간을 유지했으며 중국의 기틀을 세운 나라로 평가받는다. 지금 쓰이는 한자, 한족, 한어 등의 용어도 모두 한나라의 '한'에서 비롯되었다. 한나라는 다시 전한과 후한으로 나누어진다. 전한 시대인 기원전 145년에 사마천이 태어났다. 모든 문물과 제도, 언어, 문화들의 기초가 조금씩 다져지는 생동감의 시대, 사마천은 위대한 역사서 《사기》를 통해 중국을 비롯한 동양 역사학의 기초를 세우는 데 큰 영향을 끼쳤다.

사마천의 집안은 대대로 역사를 기록하는 사관 집안이었다. 아버지 사마담 또한 한무제 때 태사령을 지낸 인물이다. 태사령이란 천문, 역법을 관장하고 황제 측근에서 각종 기록을 담당하는 관리다. 이런 가풍과 아버지의 영향으로 어릴 때부터 문장과 역사에 대해 관심이 많았으며 사관이 될 자신의 운명을 자연스레 받아들였다. 순탄하기만 할 것 같았던 그의 인생은 3가지 사건을 겪으며 큰 전환점을 맞게 된다. 바로 '답사' '아버지의 유언' '이릉의 화'다. 이 3가지 사건은 그가 남긴《사기》를 평범한 역사서가 아닌 불후의 명작으로 만들어준 결정적인 계기가 되었다.

20세가 되던 해 사마천은 아버지의 권유로 한나라 전역을 탐방하게 된다. 귀로만 들었던, 책으로만 보았던 실제 역사 현장을 직접 발로 밟으며 답사했다. 28세에는 황제가 나라 전역을 돌아다니며 정사를 살피는 순행에도 동참해 강남, 산둥, 허난 지방을 여행하는 기회를 얻게 된다. 이렇게 눈으로 직접 보고 발로 뛴 경험은 훗날《사기》특유의 생생한 현장감과 사실성으로 고스란히 이어진다.

사마천이 36세 때 아버지 사마담이 병으로 쓰러진다. 그리고 사마천에게 자신이 쓰고 있던 역사서의 완성을 유언으로 남기고 죽는다. 이때부터 사마천은 아버지가 남기고 간 역사서 완성에 남은 인생을 모두 투자하겠다고 마음먹는다. 삼년상을 치른 뒤, 38세에 아버지의 뒤를 이어 태사령의 자리에 오르고 본격적으로 역사서 집필에 속도를 내기 시작했다.

그러나 그의 나이 45세에 아버지의 유언을 지키지 못할 큰 위기를 맞는다. 흉노족 정벌에 나섰다가 항복하고 살아 돌아온 이릉 장군을 변호하다가 당시 황제였던 한무제의 노여움을 사 감옥에 갇히게 되었다. 게다가 이릉 장군이 오히려 흉노에게 군사 훈련을 시키며 한나라를 공격할 것이라는 거짓 소문까지 돌았다. 이에 화가 난 한무제는 이릉 일가를 몰살시키고 사마천에게도 사형을 명한다. 당시 사형을 면하려면 50만 전에 해당하는 큰돈을 내거나 남자의 생식기를 잘

라내는 궁형을 받는 수밖에 없었다. 그런 큰돈이 없었던 사마천은 차마 죽지 못하고 결국 치욕스러운 형벌, 궁형을 견딘다.

그는 헛되이 죽고 싶지 않았다. 아들로서 사관으로서 3,000년 역사를 기록한 역사서 완성이라는 남은 과제가 있었기 때문이다. 그는 궁형을 받은 뒤 죽을 때까지 구차하게 목숨을 부지했다는 손가락질과 함께 온갖 육체적, 정신적 고통에 시달렸다. 사마천은 이를 악물고 책을 썼다. 그의 문장에는 단순한 역사 기록을 넘어 이릉의 화로 겪은 처절한 분노와 고뇌라는 색이 물들었다.

궁형을 당하고 약 10년 후 사마천의 나이 55세에 동양 역사학의 최고로 손꼽히는 위대한 고전《사기》는 그렇게 완성되었다.

◆   **기전체로 쓴**
                                         최초의 역사서

《사기》는 중국 고대부터 사마천이 살던 전한 시대 한무제 때까지 3,000년의 역사를 기록한 역사서로 130권 52만 6,500자로 이루어졌다. '사기(史記)'는 말 그대로 '사관의 기록'이라는 의미로 원래 제목이 아니었다. 처음 이 책은 '태사공서' '태사공기'라는 제목으로 불렸다. 태사공은 사마천을 가리키며 태사공의 책, 태사공의 기록이라는 의미다. 그 후 태사공기의 약칭인 '사기'가 이 책의 제목으로 자리 잡았다.

동양의 모든 역사서는《사기》이전과 이후로 나눌 수 있다고 해도 과언이 아니다. 사마천은 역사서의 내용과 체제를 그 이전과 다르게 모두 바꾸어놓았다.《사기》의 가장 큰 특징은 바로 기전체로 서술되었다는 점이다. 일기처럼 날짜순으로 역사를 기록하는 방법을 '편년체'라고 하며 사건과 인물을 중심으로 역사를 재구성하여 기록하는 방법을 '기전체'라고 한다. 이 기전체를 처음 고안한 사람이 바로 사마천이다. 편년체에 비해 사건과 인물을 입체적으로 파악할 수 있다는 점에서 이후 동양 여러 나라의 역사 서술 방식에 영향을 미쳤다.

《사기》는 〈본기〉 12편, 〈표〉 10편, 〈서〉 8편, 〈세가〉 30편, 〈열전〉 70편으로 구성되어 있다. 기전체는 〈본기〉의 '기', 〈열전〉의 '전'에서 따온 말로 대부분 이 구성 체제를 따른다. 이를 내용상 다시 〈본기〉

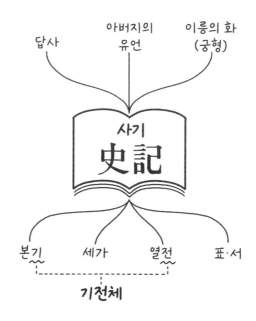

《사기》는 사건과 인물을 중심으로 역사를 기록하는 기전체로 서술되었다.

〈세가〉〈열전〉을 한 세트, 〈표〉〈서〉를 한 세트로 각각 묶어볼 수 있다. 〈본기〉는 제왕들에 관한 기록, 〈세가〉는 제왕보다 아래인 제후들에 관한 기록, 〈열전〉은 제왕과 제후가 아닌 인물들에 관한 기록이다. 〈표〉는 일종의 연대표로 각 시대의 인물과 역사를 시대순으로 일목요연하게 정리한 것이다. 〈서〉는 문화사나 제도사와 같은 성격으로 역대 제도나 문물, 과학 등에 관한 기록이다. 〈표〉와 〈서〉는 지금으로 말하면 부록과 같은 역할로 사건과 인물 중심의 서술에서 부족할 수 있는 역사적 사실을 풍부한 사료를 통해 정리, 분류하여 보완한 것이라고 할 수 있다. 이런《사기》의 구성은 사관으로서 사마천이 가진 꼼꼼함과 치밀함을 엿볼 수 있는 부분이다.

반면 사마천의 독창성은 〈본기〉〈세가〉에서 두드러진다. 인물들을 지위에 의해 나누고 시대 순서에 따라 기록했다. 하지만 제왕이 아닌데도 〈본기〉에, 제왕임에도 〈세가〉에 기록한 인물들이 있다. 예를 들어 천하의 패권을 두고 유방과 다투었던 항우는 제왕이 아님에도 〈본기〉에, 한나라 2대 군주 효제는 제왕임에도 〈세가〉에 기록되어 있다. 공자는 제후가 아님에도 〈세가〉에 기록되어 있으며 진나라의 멸망을 이끌었던 농민 출신 진섭도 〈세가〉에서 꽤 큰 비중을 차지한다. 실제 제왕, 제후라는 이름보다 그 인물이 가진 영향력과 기여도를 평가하고 배열했다는 점이 꽤 흥미롭다.

사람들이《사기》를 읽는다고 할 때 주로 언급되는 부분은 〈열전〉이다. 전체 130편 중 절반이 넘는 비중을 차지하는《사기》의 백미다. 〈열전〉에서는 사마천의 천재성이 유감없이 발휘된다. 이 책이 문학서인지 역사서인지 헷갈릴 정도로 읽는 맛이 있다. 〈맹자순경 열전〉

〈노자한비 열전〉처럼 굵직한 인물들은 한 명 또는 두 명의 인물을 한 편으로 엮어 태어나서 죽을 때까지의 일대기를 기록했다. 그렇다고 유명한 인물들의 일대기만 있는 것은 아니다. 〈사기 열전〉의 매력은 주변에서 흔히 볼 수 있는 보통 사람들도 등장한다는 점이다. 오늘날 킬러에 해당하는 〈자객 열전〉, 점쟁이들의 이야기 〈귀책 열전〉, 포악한 관리들을 모아놓은 〈혹리 열전〉 등 비슷한 직업군끼리 묶어 여러 인물을 소개하는 편도 있다. 이런 다양한 인물들의 이야기는 역사가 결코 지배하는 자들만의 몫이 아니라는 사실을 여실히 보여준다.

〈열전〉의 또 다른 묘미는 각 편 말미에 '태사공왈'로 시작하는 사마천 개인의 목소리다. 단순한 인물과 사건, 사실의 나열에서 그치지 않고 때로는 격한 공감, 엄정한 꾸짖음, 절절한 슬픔, 반어와 의문 등을 통해 독자들에게 질문한다. '어떻게 사는 것이 올바른 삶인가?' 이 질문은 사마천이 직접 인생의 고난을 겪고 극복하면서 자신에게 던진 날카로운 질문이기도 하다.

◆
현실적이고 인간 중심적인
동양 역사학의 아버지

《사기》 이전의 역사서들은 유교 경전에 속해 있었으며 주로 유교적 교훈을 담은 사건과 개인의 활동을 서술하는 정도였다. 《사기》는 사학(史學)이 유교 경전이 아닌 하나의 학문으로 독립되어 발전하는 데 큰 역할을 한다. 그래서 헤로도토스를 서양 역사학의 아버지, 사마천을 동양 역사학의 아버지라고 부른다.

사마천은 제왕, 제후, 지식인뿐 아니라 지위가 낮았지만 영향력을 가진 평범한 사람들에게도 주목했으며 춘추 전국 시대에 등장한 법가, 묵가, 도가 등 제자백가를 균형적인 시각으로 두루 다루었다. 특히 〈열전〉의 후반부에는 유교에서는 금기시했던 재물을 축적한 부자들의 이야기, 〈화식 열전〉을 과감히 배치해 경제 활동의 중요성과 부를 긍정하는 입장을 보여주었다. 이처럼 전통보다는 변화에 주목한 현실적이고 인간 중심적인 사마천의 역사관은 《사기》 전체를 관통하고 있다.

하지만 이런 과감하고 변혁적인 부분 때문에 《사기》는 세상에 나온 직후부터 논란과 비판의 대상이 되었다. 당시 황제였던 한무제는 크게 노여워하며 선대 황제와 자신의 치부를 드러낸 〈본기〉의 두 편을 당장 폐기하라고 하였다. 사마천의 죽음이 뚜렷하게 기록되지 않은 이유가 이런 당시 분위기와 관련 있을 것으로 추측할 수 있다. 후한 시대의 역사가인 반고는 "사마천은 시비를 가리느라 성인의 모습을 왜곡했고 재물을 불리는 화식의 내용을 서술하여 이익과 세력을 높이고 가난을 수치로 생각하게 했다"며 그를 매우 부정적으로 바라보았다. 이후 당나라 때 이르러 《사기》가 관리 임용 과목에 채택되면서 본격적으로 중시되기 시작했다. 청나라 근대 학자들은 사마천을 "역사계의 조물주", 《사기》를 "역사가의 빼어난 노래이자 시"라며 칭송했다.

《사기》에는 4,000명이 넘는 인물이 등장한다. 인물들의 이야기가 너욱 생생하게 전달되는 것은 그의 뛰어난 문장 덕분이다. 마치 한 편의 영화를 보는 것처럼 인물들의 감정과 표정, 행동을 세세히 묘사하고 있어 대사, 배경 음악까지 들리는 기분이 든다. 그래서《사기》를 역사와 문학을 아우르는 사전문학(史傳文學)의 정수라고 평가한다. 사마천이 이렇게 많은 사람들의 이야기를 하는 이유는 무엇일까? '어떻게 살아야 할까'에 대한 답을 다양한 사람들의 삶, 그 자체로 보여주고 싶었던 것은 아닐까.

함께 읽으면 좋은 책

- 《**사기란 무엇인가**》 김원중, 민음사, 2021
- 《**사마천 사기 100문 100답**》 김영수, 창해, 2023
- 《**사기열전**》 김흥식, 파란자전거, 2014

27

이순신
《난중일기》
1598

죽고자 하면 살고,
살고자 하면 죽을 것이다

이순신(李舜臣, 1545~1598)

조선 시대 무신. 자는 여해(汝諧), 시호는 충무(忠武)이다. 뛰어난 무예와 학문을 겸비한 인물로 1576년 무과에 급제하였다. 정읍현감, 전라좌수사를 거쳐 삼도 수군통제사가 되어 임진왜란 때 중요한 해전에서 승리를 거두며 왜군을 막았다. 특히 탁월한 지도력과 전략적 능력으로 한산도 대첩, 명량 해전에서 큰 업적을 남겼다. 이순신은 한국 역사에서 가장 존경받는 인물로, 그가 보여준 용기와 헌신, 리더십은 오늘날에도 많은 사람들에게 영향을 끼치고 있다.

※ 주요 저서: 《임진장초》

《난중일기》는 원래 《난중일기》가 아니었다. 이순신 장군이 죽고 200년 후에 붙여진 제목이다. 문무를 겸비했던 정조는 누구보다 이순신을 존경했다. 존경을 넘어 흠모했다. 1795년에 정조는 이순신과 관련된 모든 문서와 기록을 모아 책으로 펴낼 것을 명했다. 이에 따라 당시 규장각 검서관이었던 유득공과 윤행임이 이순신 전집을 편찬했는데 이것이 바로 《이충무공전서》다. 임금이 이순신에게 내린 교서, 이순신이 올린 장계, 비문, 시, 행록 등 이순신 관련 자료들을 총망라했다.

그중 이순신이 직접 쓴 일기 8권도 포함되었는데 이때 편찬자들이 이 일기에 '난중일기'라는 제목을 붙였다. 이순신이 직접 쓴 친필 초고본을 보면 '난중일기'라는 제목은 없었다. 표지에는 그저 연도를 나타내는 말과 함께 임진(壬辰) 일기, 병신(丙申) 일기, 정유(丁酉) 일기라고 적혀 있고, 어떤 것은 일기라는 말도 없이 계사(癸巳)라고만 담백하게 적혀 있다.

정조 못지않게 이순신을 존경했던 대표적인 인물이 박정희다. 우리가 잘 알고 있는 광화문 앞 이순신 동상이 그의 재임기인 1968년에 세워졌다. 이 동상의 정확한 명칭은 '충무공 이순신 장군상'이다.

이 동상에는 재미있는 일화가 얽혀 있다. 광화문 앞 세종로는 남쪽이 쭉 뚫려 있다. 이에 대해 당시 풍수지리학자들은 남쪽에서 일본의 기운이 강하게 들어와 막을 필요가 있다는 의견을 제기했다. 그래서 정부는 이 의견에 따라 일본이 가장 무서워할 인물, 이순신 장군의 동상을 세우기로 했다고 한다.

이 시기에 《난중일기》 도난 사건도 발생했다. 1967년 도굴꾼들이 아산 현충사에 보관된 《난중일기》 원본을 훔쳐 일본인에게 돈을 받고 팔려고 시도한 것이다. 다행히 반출 직전 범인은 부산에서 붙잡혔다. 이후 《난중일기》 원본의 열람은 엄격히 금지되었다. 이순신 장군은 사후에도 여전히 일본과 싸우는 중일지도 모른다.

나라의 굵직한 리더들이 흠모했던 이순신 장군의 일기, 《난중일기》는 크게 3번의 과정을 거쳐 오늘날 우리에게 왔다. 먼저 이순신 장군이 직접 쓴 친필 '초고본'이다. 초고본은 흘려 쓴 초서체로 되어 있다. 그가 글씨에도 뛰어났음을 알 수 있지만 후대에는 해독하는 데 어려움이 많았다. 정조 때 편찬된 《이충무공전서》 속 《난중일기》는 이 초서체를 정자화해 발간했다. 이를 '정서본'이라고 한다. 하지만 초서를 정자로 옮기는 과정에서 빠지거나 잘못된 글자들이 있었다. 이것을 바탕으로 1935년 일제 강점기에 조선사 편수회에서 다시 연구 작업이 이루어졌고 상세한 주석과 함께 《난중일기초》를 발행했다. 지금 시중에 나와 있는 많은 《난중일기》는 이 3가지 판본을 토대로 번역한 것이다. 판본에 대한 연구와 번역 작업은 여전히 활발히 진행 중이다.

《난중일기》를 안 읽어봐도 알 것 같은 뻔한 내용으로 오해하는 사람들이 있다. 워낙 필독서로 강조된 탓에 자연스레 가지게 된 반감

일까? 실제로 마음먹고 《난중일기》를 읽어보려 해도 "몇 월 며칠, 맑음. …을 했다" 등으로 열거된 일기를 끝까지 읽기는 쉽지 않다. 일기는 일기이기 때문이다. 그렇지만 그 누구도 아닌 '이순신'의 일기다. 우리를 매료시키는 지극히 사적이고도 공적인 이야기가 가득하다.

《난중일기》를 주제별로 나누어 읽어보기를 추천한다. 한 번은 '이순신'이라는 개인에게 포커스를 맞추어 감정의 흐름을 따라가며 읽는다. 또 한 번은 '임진왜란'이라는 전쟁의 긴박한 상황을 쫓아가며 읽는다. 그러면 좀 더 흥미롭게 느껴질 것이다.

◆   ## 한 사람이 길목을 지키면
                ## 천 사람을 두렵게 할 수 있다

일기는 임진왜란이 일어났던 1592년 1월 1일부터 시작한다.

> 새벽에 아우 여필과 조카 봉, 아들 회가 와서 함께 이야기를 나누었
> 다. 다만 어머니를 떠나 두 번이나 남쪽에서 설을 보내니 한탄스러
> 움을 이길 수 없다.
>
> _〈임진년 1월 1일〉

첫날의 일기에서 알 수 있듯이 《난중일기》에는 가족에 대한 애정과 걱정을 표현한 부분이 많다. 특히 어머니를 그리워하고 효심을 표현하는 내용들이 곳곳에 많은데 대략 90여 차례다. 어머니를 모(母)

라고 쓰지 않고 천지(天只)라고 썼다. 천지는 '하늘 같은 어머니'란 의미로 《시경》의 한 구절에서 유래했다. 이런 사소한 호칭을 통해서도 어머니를 향한 존경심과 무관이었지만 유교 경전에도 능통했음을 알 수 있다. 계사년 6월 일기를 보면 아침부터 흰머리를 뽑았다는 기록도 있다. 이런 사소한 일까지 왜 기록했을까 싶은데 어머니가 보시면 걱정하실까 봐 흰머리를 뽑았다고 한다. 이순신의 효심이 느껴지는 대목이다.

《난중일기》에는 이순신 개인의 감정이 잘 드러나지 않는다. 거의 사실 위주로 담백하게 서술했다. 그런데 자신의 감정을 거침없이 드러낸 부분이 있다. 바로 어머니와 막내아들 면의 부고를 들었을 때다. 모두 1597년 정유년의 일이다. "뛰쳐나가 가슴을 치면서 발을 동동 굴렀다" "하늘이 캄캄했다" "간담이 타고 찢어지는 것만 같다" "오직 울부짖을 뿐이다" 등의 표현에서 이순신의 절절한 마음이 그대로 느껴진다.

《난중일기》에 주로 반복적으로 나오는 내용은 "날씨" "공무를 보았다" "화살을 몇 발 쏘았다"는 내용이다. 이런 부분들은 일종의 근무 일지나 훈련 일지 같은 성격으로 같은 일상을 꾸준히 규칙적으로 기록한 그의 성실함을 보여준다. 일기의 내용은 따로 없고 날씨만 기록한 날도 많았다. "몇 시에 비가 오고 바람이 불었다" "더위가 쇠를 녹일 듯했다" 등 기후 상황을 자세하게 기록했다. 해군으로서 날씨를 파악하는 일도 중요했기에 그의 철두철미함이 돋보인다.

또 '꿈'과 '점'에 관한 이야기도 수시로 나온다. 이순신은 마치 예지몽처럼 중요한 일을 앞두고 꿈을 꾼다. 왜적을 물리치는 꿈, 말에서 떨어졌지만 아들이 안아주는 꿈 등 꿈 이야기가 유독 많이 등장한다. 그리고 그는 비가 많이 내리거나 아들의 병이 걱정되거나 왜적이 언제 침략할지 모르는 등 여러 상황에서 점을 친다. 이것은 어떤 신령스러운 힘을 믿었다기보다 그만큼 그가 전쟁, 가족, 나랏일에 매우 몰두해 있었다는 증거라고 할 수 있다. 어려운 상황 속에서 장기간 전쟁을 치르는 불안과 두려운 마음을 위안하는 방법이었을 것이다.

> 초저녁에 촛불을 밝히고 홀로 앉아 생각하니 나랏일이 어지럽건만
> 안으로 구제할 계책이 없으니 어찌할까, 어찌할까.
>
> _〈갑오년 9월 3일〉

이날의 기록 외에도 "독좌(獨坐)"라는 표현이 많다. '홀로 앉았다'는 뜻이다. 홀로 앉아 어머니를 생각하고 나라를 걱정했다. 눈물을 흘리기도 했고 시를 쓰기도 했다. 화살을 쏘고 칼을 휘두르는 영웅 이순신의 모습 뒤로 《난중일기》를 관통하는 이순신의 감정은 내내 외로움과 고독이다. 나라의 명운이 자신에게 달려 있다는 무거운 책임감을 느끼며 고뇌하는 인간 이순신의 모습을 《난중일기》에서 읽을 수 있다.

1591년 정읍현감이었던 이순신은 전라좌수사로 천거되었다. 1592년 4월, 왜군이 부산포에 상륙하며 임진왜란이 시작되었다. 바다에서 크고 작은 전투를 치렀고 7월 한산도에서 왜군을 크게 이겼다. 1593년에 이순신은 삼도 수군통제사가 되었다. 1594년 명나라와 일본 간에 강화가 시작되었으나 전쟁은 장기화되었다. 1596년 왜

적이 철수하여 본국으로 돌아갔다. 하지만 1597년 다시 대군을 이끌고 조선을 침략했다. 이것이 '정유재란'이다.

1597년 정유년 일기는 4월부터 시작한다. 1596년 이순신은 선조의 출병 명령을 어긴 죄로 파직당하고 감옥에 갇혔다. 10월부터 3월까지 이 시기에는 일기를 쓸 수 없는 상황이었다. 4월에 풀려나와 백의종군하였다. 백의종군(白衣從軍)이란 장군이 지위에 맞는 옷을 입지 못하고 평범한 백성을 상징하는 흰색 옷만 입은 채 전쟁에 참여하는 가혹한 형벌이다.

감옥에 갇혀 갖은 고문을 당한 후 처음 쓴 1597년 4월 1일의 일기는 단 4글자로 시작한다. "득출원문(得出圓門)". '옥문을 나왔다'라는 뜻이다. 억울함이나 원망을 찾아볼 수 없다. 그저 담담하게 서술했다. 그리고 다음 날 "필공을 불러 붓을 묶게 했다"는 기록이 있다. 새 붓을 마련한 것이다. 오랫동안 쓰지 못했던 일기를 다시 본격적으로 써나가겠다는 의지의 표현이다. 과거에 연연하지 않고 다음을 준비하겠다는 태도가 느껴진다. 이순신 장군은 그해 9월에 명량 대첩에서 큰 공을 세운다. 12척 대 133척의 이기기 불가능한 전투에서 울돌목이라는 지리적 이점을 이용하여 대승을 거뒀다. 세계 전쟁사에서도 유례를 찾아보기 힘든 전투로 유명하다. 이날의 상황이 《난중일기》에는 이렇게 기록되어 있다.

여러 장수들을 불러놓고 약속하며 말했다. 병법에 이르기를 "반드시 죽고자 하면 살고, 반드시 살고자 하면 죽을 것이다"라고 했다. 또 "한 사람이 길목을 지키면, 천 사람이라도 두렵게 할 수 있다"라고 했는데 이는 오늘의 우리를 두고 하는 말이다.

_〈정유년 9월 15일〉

　이미 적은 수로 수많은 적과 싸워야 하는 상황을 직감한 여러 장수들이 겁에 질려 있는 상황이었다. 이순신은 힘주어 부하들을 독려했다. 아마 자기 자신에게도 한 말이었을 것이다.

　명량 대첩이 있던 정유년 9월 16일의 일기가 《난중일기》에서 가장 길다. 그날의 일기는 "천행(天幸)"으로 끝을 맺는다. 전투에서 거둔 큰 승리를 자신의 공이 아닌 '하늘이 내린 행운'으로 돌렸다. 도요토미 히데요시의 갑작스러운 죽음으로 일본군은 급히 철수하기 시작했고 노량에서 조선 수군은 일본군을 크게 무찔렀다. 《난중일기》는 1598년 11월 17일까지 쓰였다. 이순신은 이틀 뒤인 11월 19일 노량 해전에서 전사했다. 그렇게 7년의 전쟁도 끝이 났다. 《난중일기》는 제목 그대로 임진왜란의 처음과 끝을 같이한 전란 중의 일기였다.

◆ 최고 지휘관이 남긴 세계사 유일의 기록 유산

《난중일기》는 1962년 국보로 지정되고 2013년 유네스코 세계 기록 유산으로 등재되었다. 최고 지휘관이 전쟁에 참전하여 보고 들은 사실을 기록한 세계 역사상 유일한 기록이며 당시 전쟁의 상황과 국방 운영 체계, 재정을 마련하는 방식, 계급 체계 등을 상세하게 담고 있다. 또한 심리를 잘 묘사하고 문장이 간결하며 일부 시도 포함되어 있다. 《난중일기》는 역사적 가치와 함께 문학적 가치가 높은 작품으로 평가받는다. 이순신의 삶은 영화, 소설, 연극 등 다양하게 각색되어 사람들의 이목을 끌지만 직접 본인이 기록한 《난중일기》를 읽는 것이 그의 진면목을 확인하는 가장 좋은 방법이다.

　이순신은 누군가의 아들, 누군가의 아버지, 한 나라의 신하로 외로움과 책임감의 무게를 견뎌야 했던 한 인간이었다. 《난중일기》는 그런 한 인간이 어떻게 두려움을 용기로 바꾸어가는지 그 과정을 보여준다. 우리는 《난중일기》에서 위로와 희망 그리고 가르침을 발견한다. 이순신은 누군가에 의해 영웅이 된 것이 아니라 《난중일기》라는 기록을 통해 스스로 영웅이 되었다.

함께 읽으면 좋은 책

- 《난중일기》 김문정 옮김, 더클래식, 2022
- 《쉽게 보는 난중일기 완역본》 노승석 옮김, 여해, 2022
- 《이순신의 바다》 황현필, 역바연, 2021

28

류성룡
《징비록》
1604

임진왜란의 참상을 낱낱이 밝힌
반성과 교훈의 기록

류성룡(柳成龍, 1542~1607)

조선 시대 문신이자 정치가. 호는 서애(西厓)이다. 퇴계 이황의 제자였으며 1564년 과거
에 급제한 뒤 성균관 대사성, 예조참판, 병조판서 등 중요한 직책을 두루 맡았다. 그는
특히 임진왜란(1592~1598) 동안 영의정으로서 조선의 군사적, 정치적 대응을 이끄는 핵
심 인물로서 중요한 역할을 했다. 임진왜란 때 경험을 바탕으로 쓴 《징비록》은 전쟁의
실상을 가장 잘 보여주는 역사적 자료로서 가치가 높다.

※ 주요 저서: 《서애집》 《침경요결》

현재 일본 교토에는 '코 무덤'이 있다. 이 무덤은 높이 9m로 약 12만 개의 코가 묻혀 있다고 한다. 그 코는 다름 아닌 정유재란 때 희생당한 조선 백성들의 코다. 조선인들의 한이 서려 있는 이 코 무덤을 만든 사람이 바로 도요토미 히데요시다. 1592년 임진왜란 이후 1597년 일본은 다시 대군을 이끌고 조선을 침략했다. 이때 왜군들의 잔인함과 만행은 더욱 극에 달했다. 특히 임진왜란 때 당한 패배의 분풀이라도 하듯 닥치는 대로 사람들을 죽였다.

도요토미 히데요시는 사람을 죽이고 그 증거로 병사 1인당 3개의 코를 가져오라고 명령했다. 죽은 사람이든 산 사람이든 어린아이든 노인이든 왜군들은 가리지 않고 코를 베어 갔다. 그들은 잘라낸 코를 소금에 절여 나무통이나 항아리에 넣어 상부에 보냈고 수령증을 받았다. 현재 남아 있는 코 수령증만 10만 개 이상이니 실제로 희생당한 사람의 수는 훨씬 더 많을 것이다. 이 코들은 일본에 보내져 전쟁의 승리를 과시하는 용도로 쓰였다. 1930년대까지도 코를 운반하고 코를 세는 그림이 일본의 국력을 선전하는 그림으로 교과서에 실릴 정도였다.

《징비록》은 이 비극적이고 참혹했던 전쟁에 관한 기록이다. 류성룡은 전란의 상황에서 국가의 모든 정책을 담당한 인물이다. 1590년 우의정을 시작으로 약 10년 동안 정승의 자리에 있었다. 그는 나라가 위태롭고 긴박했던 시기에 많은 일들을 직접 결정하고 처리하며 임진왜란을 누구보다 가장 가까이에서 보았고 몸소 겪었다. 1598년 전쟁의 상처가 채 아물기도 전에 그는 당쟁에 휘말려 탄핵당한다. 류성룡은 고향인 안동으로 내려와 참회의 마음으로 붓을 들었다. 7년의 전란 동안 자신이 보고 들었던 일들을 상세히 기록했다. 그리고 그 책에 《징비록》이라는 제목을 붙였다. 다소 낯설고 어려운 이 제목에는 그의 뚜렷한 저술 동기와 애통한 마음이 담겨 있다.

> 《시경》에 "지난 일의 잘못을 징계하여 후에 일어날 환란을 조심한다"는 말이 있으니, 이것이 바로 내가 《징비록》을 저술한 까닭이다. 나와 같이 보잘것없는 자가 어지러운 때에 나라를 지키는 무거운 임무를 맡아 위기를 극복하지도 못하였으니 그 죄는 죽음으로도 용서받을 수 없다.

《징비록》의 징(懲)은 '징계하다, 벌을 준다'는 의미다. 류성룡은 뼈아픈 기억을 다시 꺼내어 스스로에게 벌을 준다는 마음으로 한 자 한 자 써 내려갔을 것이다. 비(毖)는 '삼간다, 조심한다'는 의미다. 다시는 이런 불행의 역사가 되풀이되지 않도록 후세에 전하는 날카로운 메시지도 함께 담았다. 《징비록》은 전쟁의 참상을 낱낱이 밝힌 반성과 교훈의 기록이다.

임진왜란 행정 책임자가 남긴 전쟁의 모든 것

《징비록》은 류성룡의 아들 류진이 아버지의 문집인《서애집》을 간행하면서 그 안에 수록한 작품이다. 지금 우리가 알고 있는《징비록》은 당시의 상황을 시간순으로 나열한 〈상·하〉 1권과 자유롭게 인상적인 부분만을 작성한 〈녹후잡기〉 1권으로 이루어졌다. 원래《징비록》은 전란 중에 류성룡이 작성했던 다양한 공문서들이 종류별로 첨부되어 총 16권이었다. 그는 전쟁을 직접 겪은 실무 책임자로서 개인의 기록뿐 아니라 공문서들도 정리하여 '전쟁의 모든 것'을 후세에 남기려 했다.

전쟁 하면 전장에서 격렬하게 싸우는 강인한 장수가 먼저 떠오른다. 하지만 그에 못지않게 전쟁의 전체 상황을 조율하는 명석한 행정가도 중요하다. 류성룡은 그런 컨트롤 타워 역할을 했다.《징비록》을 보면 전장에서의 외부 상황뿐 아니라 조정에서 다급하게 돌아가는 내부 상황까지 자세히 기록되어 있다. 류성룡은 문장에 뛰어나 글을 말하듯이 막힘없이 썼다고 한다. 그래서인지《징비록》에는 영화보다 더 영화 같은 이야기가 술술 펼쳐진다. 우리는 이미 역사의 결과를 알고 있지만 어떤 장면에서는 주먹을 불끈 쥐며 응원하고, 통쾌한 승전보에 기뻐하기도 하고 안타까움에 깊은 탄식을 하기도 한다.

《징비록》은 임진왜란이 일어나기 6년 전 도요토미 히데요시가 보내온 서신으로부터 시작한다. 사신을 보내달라는 친서의 내용은 거만했고 서신을 가져온 일본 관리들의 행동은 무례했다. 조선 조정은 임진왜란이 일어나기 전 분명히 몇 번의 조짐이 있었음에도 일본의 상황에 어두웠다. 100년 동안 일본에 사신을 보낸 횟수는 겨우 5회였고 일본을 여전히 얕보았다. 1591년 일본이 보내온 서신에는 "군사를 이끌고 조선을 지나 명나라로 갈 것이다"라는 내용이 있었다. 류성룡은 전쟁의 어두운 기운이 다가오고 있음을 직감했다. 경상도 지역에 성을 쌓고 방어 체계를 정비했다. 하지만 대부분의 지방 수령은 이 태평한 시대에 왜 백성들을 괴롭히느냐며 오히려 불만을 늘어놓았다. 200년간 지속된 평화는 결국 더욱 깊은 고통의 시간을 가져왔다.

1592년 4월 13일, 왜적이 부산포를 함락하며 임진왜란이 발발했다. 왜적들이 타고 온 배가 대마도부터 부산포 앞까지 바다를 가득 덮어 그 끝이 보이지 않았다고 한다. 이후 왜적은 무서운 기세로 상주까지 올라왔고 믿었던 신립 장군이 충주 탄금대에서 대패하였다. 그 소식을 듣고 선조는 서쪽으로 피난을 떠났다. 그리고 5월 2일 왜적은 한양을 점령했다. 단 20여 일 만에 아무런 저항 없이 부산에서 한양까지 마치 뛰듯이 올라온 것이다. 《징비록》에는 "왜적의 기세가 마치 물병을 쏟은 것과 같았다"라고 표현되어 있다.

두 달 뒤 왜적의 손에 평양성까지 함락되었다. 선조는 또다시 의주로 떠났다. 임금이 난리 중에 궁 밖으로 몸을 피하는 것을 '몽진'이라고 한다. 몽진(蒙塵)이란 머리에 먼지를 뒤집어썼다는 의미다. 《징비록》에는 유독 도망가는 장면이 많다. 고을 장수들은 성을 비워둔 채 먼저 도망가고, 병사들은 무기를 버려두고 도망간다. 그러나 그중 가장 안타깝고 분노가 치미는 장면은 바로 임금이 먼지를 잔뜩 뒤집어쓴 채

헐레벌떡 어가를 타고 피난길에 오르는 장면이다. 백성들도 처음 선조가 한양을 떠날 때는 "나라가 우리를 버리고 떠나면 누구를 믿고 삽니까?"라고 통곡했다. 하지만 평양을 떠날 때는 매우 화난 얼굴의 백성들이 "성을 버리고 가실 거면서 왜 우리에게 성에 들어오라고 하셨습니까? 우리들만 왜적의 손에 그들의 고기가 되어야 합니까?"라고 울부짖었다. 민심은 점점 동요했다.

이런 급박한 상황에 조정에서는 연달아 명나라에 사신을 보내 구원병을 보내주기를 요청했다. "명나라의 속국이 되는 것까지 각오하며 애걸하고 있었다"는 구절에서는 사태가 위급했음을 알 수 있다. 마침내 7월 명나라의 원군이 압록강을 건너왔다. 이후 이순신 장군의 한산도 대첩, 김시민 장군의 진주성 전투의 대승으로 전세가 역전되었다. 1593년 1월에는 평양성을 되찾았으며 드디어 4월 선조가 한양으로 돌아왔다. 떠난 지 1년 만에 돌아온 한양의 모습은 처참했다.

성안에는 남아 있는 백성이 백에 한 명도 되지 않았고, 살아남은 자들도 모두 굶주리고 지쳐 얼굴빛이 마치 귀신 같았다. 죽은 사람과 말의 시체가 곳곳에 방치되어 썩는 냄새가 성안에 가득 찼다. 코를 막지 않고는 지나갈 수 없었다. 관청과 민가는 모두 불에 타 사라지고 없었다.

왜군은 더욱 잔인하게 모든 것을 파괴하고 급히 한양을 빠져나갔다. 역사에는 '만약에'를 상상하는 순간이 있다. 《징비록》에서는 바로 이때가 그렇다. 만약에 조명연합군이 한양을 수복한 후 곧바로 후퇴

하는 일본군을 추격했다면 쉽게 승리를 거둘 수 있지 않았을까? 류성룡의 제안에도 명나라는 이런저런 핑계를 대며 추격하지 않았다. 퇴각하는 일본군이 부산까지 편하게 내려갈 수 있도록 오히려 길을 열어준 꼴이 되었다. 이때 류성룡은 속이 상했지만 어찌할 방도가 없이 발만 굴렀고 결국 병이 나 몸져누웠다고 기록하고 있다.

명나라는 도와준다는 명목으로 조선에 왔지만 사실 조선과 일본의 싸움이 명나라까지 확대되지 않길 바라는 마음이었고 본국의 이익이 우선이었다. 굳이 힘들게 전투할 필요가 없었다. 이미 일본과 명나라는 조선을 배제한 채 그들끼리 강화 협상을 하고 있었고 그것이 몇 차례 결렬되면서 전쟁은 교착 상태에 빠졌다. 두 나라의 알력 다툼에 피해는 고스란히 조선 백성들만 보고 있었다.

《징비록》에는 통한의 순간들만 있는 것은 아니다. 통쾌의 순간들도 있었다. 바로 이순신과 권율이 각각 남해와 행주산성에서 큰 승리를 거둘 때다. 1591년 임진왜란이 일어나기 1년 전, 이순신과 권율을 천거한 사람이 바로 류성룡이다. 정읍 현감이었던 이순신은 전라좌수사로, 호조정랑이었던 권율은 의주 목사로 파격 발탁했다. 인재를 알아보고 적재적소에 배치한 류성룡의 안목이 아니었다면 더 큰 피해를 초래했을 것이다. 또한 류성룡은 전쟁 중에도 훈련도감을 설치해 체계적인 군대를 만들기 위해 노력했고 각 도에서 일어난 의병들의 이름과 활약상을 놓치지 않고 자세하게 기록했다.

300년간 30여 종이 출간된
동아시아 베스트셀러

《징비록》은 전쟁이 일어난 원인을 여러 각도에서 분석하고 당시 조정의 상황과 일본, 명나라의 외교 관계까지 생생하게 전달하고 있다. 1권에서는 주요 사건이 시간 순서로 작성되었다면 2권 〈녹후잡기〉는 인재 등용의 중요성, 군사 전략, 훈련법 등 앞으로 더욱 힘써야 할 일들에 대해서도 자세히 적었다. 그래서《징비록》은 때로는 영화 시나리오처럼 때로는 국정 보고서처럼 느껴진다.

《선조수정실록》에는 "《징비록》은 세상에 나와 크게 유행했는데 자신을 내세우고 남의 공은 덮어버렸다고 비판하는 사람들이 있었다"고 적혀 있다. 이처럼 개인의 기록으로 본인의 주관과 관점이 개입된 글이라는 한계도 있다. 하지만 임진왜란의 전후 상황을 상세히 알 수 있는 기록물로서 역사적 가치가 높다.《징비록》은 1969년 국보로 지정되었다.

특히《징비록》은 중국과 일본에서 많은 관심을 받았다. 1695년 일본에서《조선 징비록》이라는 이름으로 출간되어 일반인에게까지 널리 읽혔다. 어떻게, 누가 일본으로 전했는지 알 수 없으나《징비록》은 조선과 임진왜란에 대한 일본인들의 인식을 크게 바꾸었다. 조선, 일본, 명나라의 외교 관계 및 임진왜란을 거시적 관점에서 살펴볼 수 있다는 점에서 큰 인기를 끌었다. 이후《징비록》은 300년간 30여 종이 출간되며 동아시아 베스트셀러가 되었다.

류성룡은 소를 잃고 외양간을 고치는 사람이었다. 그것은 후회나

변명, 쓸모없는 일이 아니었다. 새로운 소를 다시 잃어버리지 않기 위해서였다. 《징비록》은 기록의 힘을 보여주는 책이다. 기록으로써 과거를 기억하고 후세에 가르침을 주고자 했다. 하지만 그런 류성룡의 노력에도 불구하고 조선은 다시 병자호란과 일제 강점기라는 비극을 겪고 말았다.

함께 읽으면 좋은 책

- **《징비록》** 김흥식 옮김, 서해문집, 2014
- **《징비록》** 오세진 외 옮김, 홍익, 2020

29

홍대용
《의산문답》
1766

과학적 사고로 낡은 신념을 깨부순
조선의 천문학자

홍대용(洪大容, 1731~1783)

조선 시대 실학자이자 천문학자. 호는 담헌(湛軒)이다. 양반 가문에서 태어나 다양한 분야에 깊은 관심을 가졌다. 특히 과학, 천문학, 지리학을 중점적으로 연구했다. 청나라 및 서양의 선진적인 과학 지식을 적극적으로 받아들여 당시 조선 사회의 전통적인 관점을 비판하고 새로운 시각을 제시하고자 했다. 지전설, 무한우주론과 같은 그의 주장은 조선 후기 과학 사상에 큰 영향을 미쳤다.

※ 주요 저서: 《담헌서》 《임하경륜》 《건정필담》

"그래도 지구는 돈다."

　1616년 이탈리아의 천문학자 갈릴레오 갈릴레이가 재판장을 나오면서 한 말이다. 그는 중세 사회의 기독교적인 세계관에 위배되는 지동설을 주장하면서 종교 재판에 회부되었다. 자신의 주장이 틀렸음을 거짓으로 인정하고 나서야 사형의 위협에서 풀려날 수 있었다. 하지만 갈릴레이는 재판의 결과와 상관없이 '그래도 지구는 돈다'는 사실을 세상 사람들에게 알려주었다. 갈릴레이와 꼭 닮은 인물이 조선에도 있었다. 바로 조선 후기 실학자이자 천문학자였던 홍대용이다.

　홍대용도 "지구가 돈다"라고 주장했다. 홍대용은 갈릴레이가 말한 지구의 공전과는 다른 지구의 자전만을 말했다. 그래서 홍대용의 주장을 '지전설'이라고 한다. 두 인물은 저술도 매우 유사하다. 갈릴레이는 《두 우주 체계에 관한 대화》에서 가상의 세 사람을 등장시켜 대화하는 형식으로 "지구가 태양을 돈다"는 자신의 주장을 펼쳤다. 홍대용 또한 허자와 실옹이라는 가상 인물을 설정하고 질문과 대화하는 형식으로 《의산문답》을 썼다. 두 사람은 시대의 주류 사상과 배치되지만 변하지 않는 사실을 용감하게 외쳤다. 그리고 그 내용을 새로운 형식의 책에 담았다.

홍대용은 영조와 정조가 임금이었던 조선 후기를 살았다. 홍대용의 가문은 당시 실권을 잡고 있던 노론 집안으로 할아버지와 아버지는 대사간과 군수를 지냈다. 마음만 먹으면 조정에 진출해 쉽게 출세할 수 있는 집안이었다. 하지만 그는 뼈대 있는 가문의 별난 아들이었다. 당시 지배 계층은 임진왜란과 병자호란 이후 무너진 예법을 강화하고 나라의 질서를 바로잡는다는 이유로 성리학에 더욱 집착했다. 성리학은 학문 본연의 목적과 내용은 상실한 채 기득권층의 지위를 뒷받침하는 역할만 하게 되었다. 그 결과 성리학 이외의 어떤 사상이나 이념도 인정하지 않았다. 다른 학문적인 견해를 내는 사람이 있으면 이단으로 몰고 관직 진출을 막았다.

이런 시대적 상황에서 홍대용은 "큰 의심이 없으면 큰 깨달음도 없다"는 남다른 생각을 하고 있었다. 어릴 때부터 그는 과거 시험을 위한 공부보다는 음악, 천문학, 수학 공부에 흥미를 보였다. 30대 이후에는 《의산문답》 저술에 결정적 계기가 되는 2가지 사건을 경험한다. 첫 번째는 아버지의 부임지였던 나주에서 과학 기술자인 나경적을 만난 일이다. 홍대용은 그와 함께 3년에 걸쳐 혼천의를 완성했다. 혼천의란 하늘의 움직임을 실내에서 볼 수 있도록 시계 장치로 나타낸 천문 기구다. 당시의 과학 기술 수준에서는 매우 획기적인 일이었다. 홍대용은 이후 고향집으로 돌아와 개인 천문대인 농수각을 짓고 더 깊이 있는 연구를 해나갔다.

두 번째 계기는 35세에 가게 된 60일 동안의 북경 여행이었다. 숙부를 따라 중국 사신단에 합류한 홍대용은 이미 서양의 많은 문물을 받아들인 청나라의 모습을 두 눈으로 직접 확인할 수 있었다. 특히 서양 선교사들이 거주하던 천주당에 네 차례나 방문했다. 입구에 들어서자마자 벽면에 펼쳐진 천문도에 마음을 빼앗겨버린 홍대용은 자명종, 나침반 등을 한참 동안 구경했다. 망원경으로 직접 태양을 관측하기도 했다. 나중에 그는 이 순간을 매우 흥분되었다고 기록했다. 이곳에서 서양 선교사들과 서양 과학에 관해 깊이 있는 대화를 나누었다. 이런 교류를 통해 홍대용은 그동안 혼자 연구해오던 서양 과학 기술의 실체에 다가갈 수 있었고 갈증을 해소하게 되었다. 북경에서의 경험은 그의 평소 생각과 관점을 더욱 탄탄하게 만들었고《의산문답》으로 결실을 맺었다.

◆ 소설 형식을 빌려 쓴 조선 사회 비판서

《의산문답》은 홍대용의 저술을 모아둔《담헌서》에 수록된 일종의 소설이다. 홍대용은 자신의 주장을 그냥 서술하지 않았다. 소설의 형식을 취했다. 당시 주류 사상과 대립하는 주장과 날 선 비판을 마음껏 쏟아내기 위한 보호 장치라고도 볼 수 있다.《의산문답》은 제목 그대로 의무려산에서 허자와 실옹이 나눈 질문과 대답이다. 허자와 실옹이라는 인물의 이름에는 홍대용의 의도가 숨어 있다. 허자의 허(虛)는 '비어 있다'는 의미다. 허자는 30년 동안 책으로만 세상을 공부한 사람이다. 겉으로는 학식이 많고 예법을 지키는 것처럼 보이지만 사실 속은 비어 있는 위선자다. 당시 입으로만 성리학을 말하는 전형적인 무능한 양반의 모습을 투영한 인물이다. 실옹의 실(實)은 열매, 알맹이라는 뜻이다. 실학자의 '실'을 가리킨다. 청나라와 서구의 새로운 지식을 받아들인 인물로 홍대용 자신을 빗대었다.

첫 장면부터 실옹은 허자를 꾸짖는다. 거짓으로 겸손하게 양보하는 것처럼 꾸미고 처음 만난 실옹을 현자라고 추켜세우며 헛된 아첨을 일삼는 허자의 모습을 비판한다. 그리고 허자에게 30년 동안 책에서 배운 내용이 절대적인 것이 아님을 하나씩 일깨워준다.

실옹의 첫 번째 질문은 '사람과 만물'이다. 허자는 살아 있는 만물 중 사람만이 지혜와 깨달음, 예법이 있으니 사람이 가장 귀하다고 말한다. 하지만 실옹은 서로 떼를 지어 다니는 것은 동물의 예법이고 여러 줄기가 하나로 뭉쳐지는 것은 초목의 예법이듯 사람만이 예법을 가진다고 할 수 없다고 반박한다.

> 사람의 입장에서 보면 사람이 귀하고 만물이 천하다. 하지만 만물의 입장에서 보면 만물이 귀하고 사람이 천하다. 이런 이치로 볼 때, 하늘의 입장에서 보면 사람과 만물은 동등하다.

이것이 홍대용의 인물균(人物均) 사상이다. 사람과 만물은 결국 평등하다는 의미다. 인간은 세상의 중심이 아니다. 그의 이런 자연관에 따라 자연스레 조선 사회 신분제를 비판적으로 인식하게 된다. 사람과 만물이 같은데 사람 사이에는 더욱 귀천이 있을 수 없기 때문이다.

실옹의 다음 질문은 '하늘과 땅'이다. 허자는 그동안 하늘은 둥글고 땅은 네모나다는 천원지방(天圓地方)을 의심 없이 믿고 있었다. 그런 허자에게 실옹은 만물도 둥글듯이 우리가 살고 있는 땅인 지구도 둥글다고 말해준다. 그리고 그 근거로 월식을 설명한다.

"지구가 달을 가릴 때 월식이 되는데 가려진 모습이 둥근 것은 지구의 모습이 둥글기 때문이다."

이것을 두고 홍대용은 월식은 지구의 거울과 같다고 표현했다. 월식을 보고도 지구가 둥근 줄 모른다면 거울에 비춘 자기의 모습을 보고도 자기 얼굴을 모르는 것과 같다고 비판한다. 잘못된 믿음과 신념에 빠져 실제 보이는 것을 그대로 인식하지 못하는 당시의 조선 사회를 꼬집는 대목이다.

실옹의 입을 빌린 홍대용의 선진적인 우주관은 지전설에서 정점을 찍고 무한 우주론까지 이어진다. "지구가 하루에 스스로 한 바퀴를 돌며 땅 둘레는 9만 리다"라고 언급한 부분은 현대 과학적 사실과 거의 유사하다. 1리가 약 0.393km이니 9만 리는 3만 5,000km이고, 지구의 실제 둘레는 약 4만km다. 홍대용은 지구는 자전한다는 지전설과 함께 땅이 끌어당기는 힘, 중력에 대해서도 확실히 인식하고 있었다. 실옹은 또한 허자에게 무한한 별들이 하늘에 흩어져 있음을 알려준다. "하늘에 가득 찬 별들은 모두 하나의 세계가 아닌 것이 없으니 별들의 세계로부터 본다면 지구 또한 하나의 별이다"라며 지구가 우주의 중심이 아님을 분명히 밝혔다.

마지막으로 실옹은 '중국과 오랑캐'에 대해서 질문한다. 실옹은 그들이 문답을 나누는 의무려산이 중국도 오랑캐의 땅도 아닌 그 경계에 있는 산이듯 중국과 오랑캐는 구별이 없다고 말한다. 이것을 '화이일야(華夷一也)' 사상이라 부른다. 화(華)는 중국, 이(夷)는 오랑캐를 가리킨다. 실옹은 허자에게 중국이 세계의 중심이라는 중화주의가 틀렸음을 가르쳐주기 위해 '인간과 만물' '하늘과 땅'에 대한 논리를 끌어왔다고 할 수 있다. 인간이 세계의 중심이 아니듯, 지구가 우주의 중심이 아니듯, 중국도 세계의 중심이 아니다. 당시 조선 사회의 수많은 허자들에게 홍대용은 이렇게 외치고 싶었을 것이다.

"내가 사는 곳이 세계의 중심이다."

◆   ## 주류 사상에 용감하게 맞선
                        ## 망원경을 든 선비

《의산문답》에 담긴 과학적 사실은 오늘날 우리에게는 당연하지만 250년 전 당시에는 큰 충격과 파격이었다. 그것은 오랫동안 믿었던 철벽같은 신념을 깨부수는 고통스러운 일이었다. 홍대용이 언급했던 과학적 사실들은 현대 과학과 견주어도 손색이 없지만 설사 그것이 서양 선교사로부터 배워온 것이든 약간의 과학적 오류가 있든 그것은 그리 중요하지 않다. 《의산문답》에서 주목할 것은 당시 조선 후기를 바라보는 홍대용의 태도와 관점이다. 그는 객관적이고 과학적인 방법으로 당시의 낡은 사고방식을 깨부수려 했다.

홍대용은 책이 아니라 망원경을 든 선비였다. 옛글을 그대로 의심 없이 따르기보다 실제 하는 것을 관찰하고 측정하고 계산하여 검증하려고 했다. 그의 과학에 대한 관심, 특히 천문학에 대한 관심은 결국 인간과 세상에 대한 관심이었다. 《의산문답》에는 홍대용의 이

런 일관된 자연관, 우주관, 세계관이 모두 종합되어 있다. 홍대용은 과학자인 동시에 철학자, 경세가였다.

안타깝게도 홍대용이 주장한 평등한 존재와 열린 세계는 당시에는 전혀 받아들여지지 못했다. 하지만 조선 후기 실학자들에게 '북학'이라는 새로운 바람을 불러일으켰다. 북학이란 당시 오랑캐의 나라라고 무시했던 청나라를 도리어 배워야 한다고 주장하는 학풍이다. 여기에는 홍대용이 말한 서양의 과학도 포함되어 있다. 《의산문답》에 나타난 홍대용의 사상은 이후 박지원, 박제가, 이덕무 등 북학파에 의해 더욱 구체화되었다.

함께 읽으면 좋은 책

- 《의산문답》 이종란 편, 풀빛, 2015
- 《의산문답》 이숙경 외 옮김, 파라북스, 2013

30

신채호
《조선상고사》
1948

감옥에서 연재된 잃어버린
우리의 고대사

신채호(申采浩, 1880~1936)

일제 강점기에 활동한 독립운동가, 언론인, 역사학자. 〈황성신문〉에 입사하여 글을 쓰기 시작하면서 민족 영웅전과 역사 논설을 발표했다. 특히 고대사 연구 등 민족의식을 고취하기 위한 역사 연구에 관심을 가졌다. 1910년 이후 상해로 망명하여 독립운동을 이어갔으며 무력 투쟁과 무정부주의 운동을 지지하였다. 1928년 대만에서 체포되어 루쉰 감옥에서 복역 중 1936년 옥사했다.

※ 주요 저서: 《조선사연구초》《조선사론》《조선상고문화사》

'역사란 무엇인가?'라는 물음에 영국의 역사학자 에드워드 카는 이렇게 답했다.

"역사란 현재와 과거의 끊임없는 대화다."

일제 강점기의 어느 독립운동가는 이렇게 정의 내렸다.

"역사란 아(我)와 비아(非我)의 투쟁의 기록이다."

이 말의 주인공은 신채호다. 신채호는 독립운동가이자 언론인, 역사학자였다. 그는 1880년 우리나라가 일본에 의해 강제로 개항을 한 어수선한 시기에 태어났다. 가난하지만 책을 좋아했던 신채호는 성균관에서 공부를 시작했다. 마침내 1905년 박사가 되어 성균관에서 유생들을 가르치는 교수의 직업을 얻었다. 그러나 아관파천, 을미사변 등으로 나라가 위태로운 상황에서 신채호는 그곳이 자신의 자리가 아니라고 여겼다. 이후 장지연의 권유로 〈황성신문〉에 입사해 글을 썼다. 당시 〈황성신문〉은 국내의 여론을 주도하는 가장 영향력 있는 언론 기관이었다. 하지만 을사늑약의 문제점을 알린 장지연의 〈시일야방성대곡〉으로 〈황성신문〉은 곧 폐간되고 말았다. 외국인이 운영하여 검열이 심하지 않았던 〈대한매일신보〉로 자리를 옮긴 신채호는 그곳에서 주옥같은 글들을 발표하며 언론인으로서 입지를 넓혀

갔다. 〈일본의 3대 충노(忠奴)〉라는 글로 친일파를 가차 없이 비판했고, 외침을 막아낸 영웅들의 이야기인 〈을지문덕전〉 〈이순신전〉 등을 지었다.

신채호는 "왜적이 만든 호적에 이름을 올릴 수 없다"며 평생 무국적자로 살았다. 그는 세수할 때도 허리를 굽히지 않았다. 옷이 다 젖더라도 어떤 방향에서든 일본에 허리와 고개를 굽힐 수 없다고 생각했기 때문이다. 그는 성균관에서 공부할 때 일편단심의 단(丹)을 따서 스스로 호를 '단재(丹齋)'라고 지었다. 신채호는 그의 호처럼 부러질지언정 꺾이지 않는 강직한 삶을 살았다.

1909년 중국 망명길에 오른 신채호는 북경과 상해를 오가며 독립운동을 지속했다. 그는 "독립은 주어지는 것이 아니라 쟁취하는 것이다"라며 무력 투쟁을 지지했다. 신채호의 글은 발표할 때마다 많은 관심을 받았고 사람들의 가슴을 울리는 힘이 있었다. 그는 언론인으로 활동하며 특히 역사의 중요성을 절감했다. 이 시기 일제가 조직한 조선사 편수회에 의해 조선의 역사는 심하게 왜곡되고 있었다. 식민지 지배의 정당성을 부여하기 위한 거짓 역사가 마치 사실인 것처럼 쓰이고 교육되었다. 신채호는 제대로 된 역사서 집필이 민족의 자긍심을 높이고 독립할 수 있는 길이라고 믿었다. 역사 연구는 신채호에게 신념과 같았다. 신채호는 붓끝으로 독립운동을 했다.

하지만 독립 자금을 준비하러 건너간 대만에서 일본 경찰에게 체포되었고 10년 형을 선고받았다. 결국 뤼순 감옥에서 1936년 뇌일혈로 사망했다. 《조선상고사》는 그가 수감 생활을 할 때인 1931년 6월 10일부터 10월 14일까지 총 103회 동안 조선일보에 연재한 내용이다. 이때 연재한 내용들은 신채호가 우리 역사를 고대부터 근대에 이르기까지 재정립하려는 의도로 1920년 무렵부터 쓰고 있었던 원고 중 일부였다. 하지만 그의 사망으로 고대의 역사 부분까지만 쓰인 채 미완성으로 남았다. 이후 신문 연재를 담당했던 안재홍이 원고들을 모아 1948년 한 권의 책으로 출간하였다. 연재할 때의 제목은 〈조선사〉였으나 고대사 부분까지만 쓰였으므로 책 제목이 《조선상고사》가 되었다. 상고(上古)란 '아주 오랜 옛날'이라는 뜻이다.

한반도의 역사를 고구려, 만주로 확장하다

《조선상고사》는 일종의 논문과 같은 성격으로 총 12편으로 구성되어 있다. 그중 1편은 총론으로 역사의 정의와 관점, 연구 방법 등을 설명하고 있다. 본격적으로 역사를 서술하기 전에 신채호 자신의 역사 철학을 정립한 부분이다. 책의 첫 줄에서 신채호는 "역사란 아와 비아의 투쟁의 기록이다"라는 문장을 조금 더 자세하게 풀어서 설명하고 있다.

> 역사란 무엇인가? 역사는 아(我)와 비아(非我)의 투쟁이 시간적으로
> 전개되고 공간적으로 확대되는 심적 활동 상태에 관한 기록이다.
>
> _〈총론〉

여기서 아(我)는 '나'를 뜻하고 비아(非我)는 '나 이외의 모든 것'을 가리킨다. 투쟁이란 단순히 싸움을 의미하는 것이 아니다. 여러 형태의 '관계'라고 이해해야 한다. '아'는 자신에 대한 자각만으로 형성되지 않는다. 비아와의 끊임없는 관계 속에서 생기는 인식이 합쳐져 성립된다. 신채호는 이렇게 아와 비아가 계속 관계를 맺으며 전진하는 것이 '역사'라고 생각했다. 아는 개인과 사회, 국가를 모두 포함하는 개념으로 아가 '역사적인 아'가 되려면 상속성과 보편성을 가져야 한다. 상속성은 시간적으로 유지되는 것, 보편성은 공간적으로 파급되는 것을 의미한다.

신채호가 아와 비아라는 개념을 통해 강조하고자 했던 것은 '주체성'이다. '아'가 주체성을 잃고 변화된 환경에 적응하지 못하면 '비아'에게 정복당해 생명력을 잃고 역사에서 사라지고 만다. 신채호는 일본의 식민 지배를 받는 당시의 상황을 일본이 '아'가 되어 조선 민족으로서의 '아'를 위협하고 있다고 판단했다. 역사적 주체 의식을 높이기 위해 우리 민족이 당당한 '아'로서 '비아'에 맞서 투쟁해온 사례를 찾아 우리나라의 역사를 다시 바로 세우고자 했다. 신채호가 특히 연구에 몰두한 부분은 시간적으로는 '고대사'였고 공간적으로는 '만주 땅'이었다. 그래서 《조선상고사》는 2편 수두 시대부터 백제의 부흥 운동을 다룬 12편까지 주로 '고구려'를 중심으로 서술하고 있다. 고구려 역사에 관한 내용이 전체 12편 중 6편일 정도로 큰 비중을 차지한다.

1914년 신채호는 중국 길림성 집안현을 답사할 기회를 얻게 되었다. 그곳은 옛 고구려의 수도인 국내성이 위치했던 곳으로 광개토

대왕릉비를 비롯한 고구려의 유적들이 그대로 남아 있었다. 여비가 부족해 제대로 둘러보지 못했음에도 능으로 인정할 만한 게 수백 개, 묘로 인정할 만한 게 1만 개일 정도로 추측된다고 했다. 이곳을 둘러본 뒤 그는 "집안현을 한번 돌아보는 것이 김부식의 고구려사를 만 번 읽는 것보다 낫다"라고 평가했다.

《조선상고사》가 김부식의 《삼국사기》를 비판하기 위해 쓰인 게 아닐까 싶을 정도로 신채호는 시종일관 《삼국사기》를 비판한다. 김부식이 《삼국사기》를 지을 때 만주 지역의 역사를 제대로 기술하지 않아 넓은 땅과 자랑스러운 역사를 모두 잃어버렸다고 지적했다. 《삼국사기》는 현존하는 가장 오래된 우리나라 역사서로서 영향력이 매우 크다. 그런데 신라를 중심으로 역사를 서술함으로써 이후 우리 역사 인식은 오직 압록강 이남의 한반도에 국한되었다. 현재 중국 땅인 만주 땅에서 이루어진 고구려사, 부여사, 발해사는 상대적으로 주목을 받지 못했다.

신채호는 〈조선사연구초〉라는 글에서 우리나라 일천 년 이래 가장 큰 사건으로 '묘청의 난'을 꼽았다. 묘청의 서경 천도 운동을 단순한 반역이 아니라 진취적인 북진 정책의 일환으로 평가했다. 이 투쟁에서 김부식의 사대파, 보수파가 승리했기 때문에 이후 우리나라의 사대주의 역사가 시작했다고 보았다.

또한 《삼국사기》는 중국에만 유리하게 서술된 중국의 역사서만을 참고했기 때문에 우리나라의 우수성을 보여주는 역사적 사실들이 제대로 기록되어 있지 않다고 비판했다. 예를 들어 645년 고구려의 양만춘 장군은 안시성에서 당나라 군대에 맞서 고구려를 지켜내고 당나라에 큰 타격을 입혔다. 이때 당나라 태종이 눈에 화살을 맞아 한쪽 눈을 잃었다고 전해진다. 민간에서는 이 이야기가 오랫동안 전해져 내려왔고 여러 역사서에도 전쟁 이후 당태종의 건강이 급격히 나빠졌다고 되어 있지만 《삼국사기》에는 관련한 기록이 없다고 한탄했다.

《조선상고사》에서는 우리 역사의 시작을 '수두 시대'라고 일컬었다. '수두'란 제사를 지내는 제단을 뜻한다. 이 수두를 중심으로 사람들이 모여 부족을 형성했으며 이것을 고대 국가의 시작으로 보았다. 신채호는 기존의 단군, 기자, 삼한, 삼국으로 이어지는 고대사 체계 대신 대단군조선, 고조선, 부여, 고구려로 이어지는 새로운 체계를 제시했다.

이 외에도 신라의 삼국 통일에 결정적 기여를 한 화랑 제도가 고구려의 '조의선인(검은 비단옷을 입은 무사 집단)'에서 가져온 것임에도 화랑에 비해 조의선인은 별로 알려지지 않았다고 지적했다. 그뿐만 아니라 고구려의 연개소문, 백제의 부여성충 같은 훌륭한 인물이 있었음에도 신라의 김유신만이 부각된 것은 신라에 편중된 역사 기록 탓이라고 했다. 《조선상고사》의 12편은 '백제의 강성과 신라의 음모'로 백제의 부흥 운동을 자세히 다루었다. '음모'라는 용어 선택에서도 알 수 있듯이 신채호는 신라의 삼국 통일은 당나라라는 이민족과 동맹하여 같은 민족을 몰아낸 행위로 매우 부정적인 평가를 내렸다.

역사의 기록이 강해야
민족이 강하다

◆

신채호가 《조선상고사》에서 주로 부여, 고구려, 발해처럼 만주 땅에서 펼쳐진 역사, 고구려가 외세에 맞서 당당히 나라를 지켜낸 전투들에 주목한 것은 당시 만주를 중심으로 이루어진 독립운동에 힘을 실어주기 위함이었다. 신채호는 민족과 역사는 공동 운명체로 올바른 역사 인식이 독립의 출발점이라고 여겼다.

하지만 《조선상고사》에서 다루고 있는 고대사의 몇몇 부분은 현재도 학계에서 논란이 되며 정설로 받아들여지지 않고 있다. 민족주의 의식에 지나치게 치중해 공정성이 결여된 역사서라는 비판을 받기도 한다. 그래서 《조선상고사》의 내용과 체계, 용어들은 여전히 우리에게 낯설고 어렵다. 학교에서 가르치지 않는, 교과서에는 없는 내용들이 많기 때문이다.

그러나 《조선상고사》를 통해 보여준 신채호의 새로운 시도와 역사적 가치까지 폄하되어서는 안 된다. 신채호는 사료를 수집하고 여러 역사책을 교차 검증하여 객관적으로 우리의 역사를 서술하기 위해 노력했다. 유교주의적 사학에서 벗어나 우리나라 근대 사학의 초석을 다졌다. 한반도에 한정되어 있던 우리 역사의 범위를 확대했고 신라를 중심에 놓지 않아 고구려와 백제의 우수성을 발견하고 다양한 시각을 가지는 데도 영향을 주었다.

《조선상고사》가 출간된 지 70여 년이 지난 지금도 일제가 날조한 식민사관이 남아 있으며 중국과 일본의 역사 왜곡은 빈번히 이루어지고 있다. "역사의 기록이 강해야 민족이 강하다"는 신채호의 말처럼 주체성을 가진 '역사적인 아'가 여전히 우리에게 필요하다.

함께 읽으면 좋은 책

- **《조선상고사》** 김종성 옮김, 시공사, 2023
- **《신채호 말꽃모음》** 이주영, 단비, 2017
- **《조선상고사, 한국통사》** 윤재영 옮김, 동서문화사, 2012

참고문헌

ㄱ

- 《강신주의 장자 수업 1, 2》 강신주, EBS BOOKS, 2023
- 《강의》 신영복, 돌베개, 2004
- 《고전은 나의 힘, 철학 읽기》 문우일 외, 창비, 2014
- 《고전의 대문: 사서편》 박재희, 김영사, 2016
- 《고전의 시작: 동양철학편》 황광우 외, 생각학교, 2015
- 《금강경 마음공부》 페이융, 유노북스, 2023

ㄴ

- 《난중일기》 김문정 옮김, 더클래식, 2022
- 《내 인생의 주역》 김주란 외, 북드라망, 2020
- 《논어 1~3》 심경호, 민음사, 2013
- 《논어강설》 이기동, 성균관대학교출판부, 2011

ㄷ

- 《다산의 마지막 습관》 조윤제, 청림, 2020
- 《대학·중용 집주》 성백효, 전통문화연구회, 2010
- 《대학·중용》 이세동 옮김, 을유문화사, 2007
- 《도덕경》 소준섭 옮김, 현대지성, 2019
- 《동양철학 에세이 1》 김교빈 외, 동녘, 1993
- 《두 번 읽는 손자병법》 노병천, 세종서적, 2019

ㅁ

- 《마흔에 읽는 한용운 채근담》 용화 옮김, 이정서재, 2023
- 《맹자》 김원중 옮김, 휴머니스트, 2021
- 《명심보감》 김원중 옮김, 휴머니스트, 2017
- 《명심보감》 백선혜 옮김, 홍익, 2022
- 《목민심서, 다산에게 시대를 묻다》 박석무, 현암사, 2021
- 《묵자》 신동준 옮김, 인간사랑, 2018
- 《묵자가 필요한 시간》 천웨이런, 378, 2018

ㅂ

- 《백범일지》 도진순 옮김, 돌베개, 2005
- 《법구경》 한명숙 옮김, 홍익, 2021
- 《법륜스님의 금강경 강의》 법륜, 정토, 2012
- 《복희씨가 들려주는 주역 이야기》 최영진, 자음과모음, 2006
- 《북학의: 완역 정본》 안대회 옮김, 돌베개, 2013
- 《북학의를 읽다》 설흔, 유유, 2019
- 《불교 경전과 마음공부》 법상, 무한, 2017

ㅅ ────────────────────────────────

- 《사기란 무엇인가》 김원중, 민음사, 2021
- 《살면서 꼭 한 번은 채근담》 임성훈, 다른상상, 2021
- 《삼국유사》 김원중 옮김, 민음사, 2016
- 《삼국유사로 오늘을 읽는다》 고운기, 현암사, 2020
- 《성학십도》 최영갑 옮김, 풀빛, 2005
- 《성학집요》 김태완 옮김, 청어람미디어, 2007
- 《성호사설을 읽다》 설흔, 유유, 2020
- 《소학》 윤호창 옮김, 홍익, 2021
- 《손자병법》 김원중 옮김, 휴머니스트, 2020
- 《수심결과 마음공부》 법상, 불광, 2023
- 《순자》 백기호 옮김, EBS BOOKS, 2022
- 《순자가 들려주는 마음 닦는 이야기》 윤무학, 자음과모음, 2006
- 《쉽게 보는 난중일기 완역본》 노승석 옮김, 여해, 2022

ㅇ ────────────────────────────────

- 《역사를 바꾼 100책》 EBS 독서진흥 자문위원회, EBS BOOKS, 2023
- 《역주와 해설 성학십도》 한국사상연구회, 예문서원, 2009
- 《열하일기 1~3》 김혈조 옮김, 돌베개, 2017
- 《열하일기 첫걸음》 박수밀, 돌베개, 2020
- 《열하일기, 웃음과 역설의 유쾌한 시공간》 고미숙, 북드라망, 2023
- 《오십에 읽는 주역》 강기진, 유노북스, 2023
- 《우리말 속뜻 금강경》 전광진 옮김, 속뜻사전교육, 2020
- 《의산문답》 이숙경 외 옮김, 파라북스, 2013
- 《의산문답》 이종란 옮김, 풀빛, 2015
- 《인간이 그리는 무늬》 최진석, 소나무, 2023
- 《인문학 명강, 동양고전》 강신주 외, 21세기북스, 2013

ㅈ ────────────────────────────────

- 《장자》 김학주 옮김, 연암서가, 2010
- 《정선 목민심서》 다산연구회, 창비, 2019
- 《조선상고사》 김종성 옮김 시공사 2023
- 《지적 대화를 위한 넓고 얕은 지식》 채사장, 웨일북, 2019
- 《징비록》 김흥식 옮김, 서해문집, 2021

ㅊ ────────────────────────────────

- 《채근담》 안대회 옮김, 민음사, 2022
- 《청소년을 위한 백범일지》 심경림 옮김, 나남, 2016
- 《초판본 백범일지》 양윤모 옮김, 더스토리, 2019

ㅎ ────────────────────────────────

- 《한비자, 이게 법치다》 이성주, 생각비행, 2019